せっかち式仕事術

「効率化」と
「クオリティ向上」を
同時に実現する

クリエイティブディレクター
デザインスタジオ・エル代表
ハラヒロシ

かんき出版

結論からお伝えします。

この本は、
せっかちのよいところを仕事に活かしながら、
同時に、余裕時間と平常心を手に入れるための本です。

そのために必要な
「仕事術」と、
「余白の作り方」
について書きました。

「せっかちな人」と聞いて、
あなたはどんな印象を持つでしょうか。

せかせか・そわそわと落ち着きのない人？
待つことが苦手で、いつもイライラしている人？
効率化主義で、ムダなことが嫌いな人？

もしかしたら、ちょっとネガティブなイメージを
持つ人のほうが多いかもしれません。

でも、「せっかち」って、本当に悪いことなのでしょうか。

たとえば、

「やりたいことがあるのに、先延ばししてしまう」
「いつもギリギリにならないと動けない」
「『あのときやっておけば……』と後悔することが多い」

こんな行動パターン、ありますよね。

これは、せっかちとは真逆の行動です。

言い換えれば、

「やりたいことが見つかれば、すぐ行動にうつす」
「常に前倒しで動いている」
「やらない後悔より、やる後悔」

これが、せっかち式だということです。

「あれ、せっかちって
案外悪くないかも？」と
思いませんか？

大切にしたいのは、

①せっかちを活かした仕事の仕方をする

（＝効率化やスピードアップにつながる）

②先回りによって余裕をつくり、じっくり取り組む

（＝クオリティの向上につながる）

このふたつを両立させることです。

あなたの持っている
「せっかち性」を存分に生かして、
効率よく、効果的に仕事を回すための
「アクセル」と「ブレーキ」を
手に入れてください。

はじめに

早く終わらせたい！
後回しにするのが不安！
時間をムダにしたくない！

そんなことを考え行動している私は、せっかち人間だなと自覚しています。

はじめまして、ハラヒロシと申します。
長野県長野市のデザイン事務所「デザインスタジオ・エル」の代表取締役として、企業のブランディング支援やＷｅｂサイト制作、グラフィックデザインなどの業務を行っています。１９９８年に新卒で入社し、２０２０年に同社の代表に就任しました。デザイナーとしてのキャリアは26年に及びます。経営者とプレイヤーを兼務していることもあって、業務量は多いほうだと思っています。

ありがたいことに、周囲からは「仕事が早い人」と思われているようです。自分自身でも「スピードは武器」と思ってはいましたが、じつは「せっかち」な性格がスピードを後押ししているかもしれないと、冒頭の言葉を振り返って感じるところです。

2000年ごろ

2005年ごろ

2008年ごろ

同僚が描いてくれた私のイラスト。昔から、同僚イラストレーターやデザイナーが私のイラストを描くと、必ず手元に効果線が入ります。

突発的な依頼が発生するたびに、自然と湧き上がる「早く終わらせたい！」という焦燥感。

すぐやらなくていいはずなのに「後回しにするのが不安！」とタスクを最優先事項に繰り上げ、せかせかと取りかかる前のめりな行動力。

それぱかりか「時間をムダにしたくない！」と、いくつかの作業を並行させ、最速・最短ルートを求めてしまう敏捷性。

この作業を終えたら余裕ができるはずだ。備えの時間を作っておきたい。そのために前へ、先へ。作業を急ぐ。早く終わった！　やったぞ自分！

……でも、そのあとどうなるかといえば、結局、空いた時間に次の予定を入れてしまい、忙しいスパイラルから抜け出せなくなる……なんてこともよくあります。

こんなふうに、常に先へ先へと急ごうとして、じっとしていられず落ち着きがない人のことを「せっかち」と呼びます。

私ももちろん、このような日常を送っています。
参考までにちょっと例を挙げてみると、

・朝起きたらトイレ→洗顔→猫にごはん→お湯を沸かす……と、寝室から近い順に行動する（最短ルートで効率的に動きたい）
・パートナーから「お茶が薄い」と言われる（待てない）
・旅に出る前は旅先に、旅先に着くと家に意識が向いてしまう（先回りしすぎ）
・道を間違えると落ち込む（時間をムダにしたと考える）

などなど、せっかちなエピソードには事欠きません。
ただ、一見やっかいな性格にも思えるのですが、短所と長所は表裏一体。
せっかちには「よいところ」も多いと思うのです。

「せっかち」という言葉は、「急（せ）く＋勝ち」が語源とも言われているようです。「急ぐ」だけでなく「勝つ」。優位に立つ、という意味合いが近いかもしれません。

せっかちは、先回りして物事を早く終わらせることで、いろいろな場面で優位に立てる。その性質を仕事に活かせる可能性をたくさん持っているのです。

さて、仕事中は常にせわしい私ですが、仕事以外の時間も大切にしています。終業時間は一定で、睡眠時間も8時間は確保しています。

また、自社広報のために月30本のブログを10年間書き続けるなんてこともやっていましたし、週末は趣味のスナップ写真を撮影するために街に繰り出し（1000枚くらい撮影します）、Instagramに1日2枚ペースで投稿しています。

もともと情報発信が好きということもありますが、おかげで自社の事業と自己研鑽を両方推進でき、今があると思っています。

この本を書くことになったのも、ブログで「せっかち式仕事術」という記事を公開していたことが編集者さんの目に留まったからです。

よく考えると、これは「せっかちに動くことよって生まれた余裕時間」によるものだと気づいたのです。

ちょっと矛盾しているようなのですが、端的にいうと「せっかちに動いたあとに、意図的に余白をつくる」ことで実現しています。

仕事に、趣味に、休息に、せっかちだからこそ、それらの時間を「創る」ことを強く意識しています。

この本では、せっかちを活かした仕事術や、せっかち特性との上手な付き合い方、そして余裕時間を確保するための方法などを紹介していきたいと思います。

「せっかち式」だからといって、決して「早さ」ばかりを求める本ではありません。仕事や成果物のクオリティを上げたり、相手への配慮を見せる丁寧さや慎重さも身につけることができます。
もしかしたら、「のんびりやさん」や、「すぐやる」のが苦手な人にも、〝せっかち式〟が役に立つかもしれません。

せっかちだからこそ、できることがある。
せっかちだからこそ、まだ手に入れていないことがある。

この本を通じて、

せっかちのよいところを
仕事に活かしながら
余裕時間と平常心を手に入れる

そのヒントが見つかればよいなと思います。

もくじ

はじめに 10

第1章

こんなあなたはせっかちかも

第2章

せっかちはこんな仕事人になれる

第3章

せっかち式仕事術
〈仕事の進め方編〉

第4章

せっかち式仕事術〈効率化編〉

第5章

せっかち式仕事術〈アウトプット編〉

第6章

せっかち式仕事術〈ブレーキ編〉

第7章

せっかちな人は余裕時間を手に入れよう

ブックデザイン　田村梓(ten-bin)
イラスト　住澤みかげ
DTP　野中賢+安田浩也(株式会社システムタンク)

第1章

こんなあなたは

せっかち

かも

「せっかち」って、どんな人のこと？

一般的には、常に先へ先へと急ごうとして、逸る気持ちが抑えられない人のことを言います。その性質が、さまざまな行動に表れます。

この章では、せっかちな人にありがちな心理や行動の事例を集めてみました。これらの項目に当てはまる人は、せっかちかもしれません。

時間をムダにしたくない

どうしたら早く終わるかで、頭がいっぱい

私は毎朝早く出社するのですが（始業は10時ですが、7時には事務所にいます）、そのときの気分は、まるでスポーツかゲームに取り組む前の高揚感。

ＴｏＤｏリストに今日やることを書き込んだら、それぞれのタスクにトップスピードで取りかかっていきます。

時間は有限で、限りあるものです。**せっかちな人は、その限られた時間をムダにしたくないという意識が強く、1分1秒でも有効に使って目的を達成しようと、せかせかと動いています。**

作業や仕事を早く終わらせる方法はないだろうか、空いた時間で何かできること

はないだろうか……。

そんなことを考えながら日々を過ごしているので、基本的に初動が早い。常に先回りして動きますが、その裏にはちょっと面倒くさがりな一面もあるのかもしれません。

たとえば、こんなことを考えています。

最短ルートを求める

先へ先へ、ゴールにいち早く到着したいと考えるせっかちさんは、**あらゆる場面でできる限りの最短ルートを探し求めます**。

駅までは最短ルートで向かう（近道を把握している）、ムダに寄り道はしない、買い物リストはお店の売り場の配置にあわせて店内を効率よく回れるように考える……といったような行動です。

当然、遠回りや道を間違えるのをイヤがります。

ここでいう「最短ルート」は、目的地へ到着するという移動・交通手段のことだけでなく、日々の行動パターンや仕事の仕方にも見られます。

私の日常で思いつくのは、PCでの反復作業。たとえばデータのコピー&ペーストなどは、1秒・1クリックでも短縮できる手順と画面上のルートを探しています。ルートが決まったら、無の状態で素早く一定のリズムでその動きを繰り返します。

単純作業なのにすごくテンションが上がり、まるでゲームをやっているような感覚に。スマホのアプリを「よく使う順」に並べることで、指やマウスの移動距離を短くするのも、積み重ねを考えるとかなりの時間短縮になります。

その半面、作業が機械的になりすぎてしまうことも。早く終わらせたい気持ちが強いため、わざと手続きを省略してしまったり、作業に丁寧さがなくなったり、見直しをしなかったりと、「本気でやっていないのでは?」と誤解されてしまう危うさがあります。

また、よく確認せず作業を進めてしまった結果、手戻りが発生して「最初にちゃんと聞いていれば……」と後悔することもしばしば。

私自身、よくも悪くも手抜きするタイプです。

手抜きが必ずしも悪とは思っていませんが、手抜き（手数が少ない）によって早く次の展開に持っていけるというよい面もあれば、手抜き（過程をおざなりにする）によって及第点のレベルに達しないことや、クオリティが上がらずに結果的にやり直しになるといった経験、どちらも思い起こされます。

同時進行を好む

やらなければならないことが複数あるとき、一つひとつ片付けるのではなく、**同時進行か、または一連の動きの中に複数の行動を入れてしまうなど、少しでも早く「完了」に到達しようとします**。

電話しながらメールする、お昼を食べながらネットで情報収集するなどの行動です。

いわゆる「マルチタスク」と呼ばれる行動は、実際は同時進行しているわけではなく、作業を細かく切り替えているだけで、じつは非効率で脳にも負担がかかっているといいます。

しかしせっかちな人にとっては理屈よりも**「とにかく終わらせたい」という逸る気持ちが優先**。切り替えが早い人はこの方法で仕事が早く進みますが、切り替えが苦手な人は仕事が煩雑になり、ストレスを感じてしまう人もいるかもしれません。

それでも、日々いろいろな業務が重なってくると、いかにしてそれを早く処理しようかと考えてしまうのはせっかちの性《さが》。

私の職場のデスクにはモニターが3枚＋スマートフォンがあって、ブラウザやメール、チャットなどのウィンドウが常に表示されています。それぞれを高速でスクロールし、絶え間なく表示される通知を確認し……。なるべく短い時間で、流れてくる情報を逃さないようにしながら同時に作業しようという意思の表れですが、よく考えると疲れる環境だな……と感じます。

タイパを求める

Z世代を中心に、ドラマやアニメ・映画を倍速視聴することなどで注目されたタイムパフォーマンス（タイパ）。かけた時間に対する効果（時間対効果）のことを指し、多くの情報に溢《あふ》れる今の世の中で、限られた時間で有益な情報をできるだけたくさん得るためと言われています。

ただ、せっかちな人がタイパを重視するのは動画視聴のシーンだけではないはず。信号待ちなどの隙間時間でメールやSNSをチェックしたり、値段の安さよりも距離の近さでスーパーを選んだり、交通費よりも移動時間を優先して移動はタクシーを使う……など、心当たりのある人も多いのではないでしょうか？

せっかちな人は過程を知ることよりも、目的を達成することを重視しがち。そのため**途中のプロセスを「ムダなこと」と考え、余分な手順を省こうとしてしまう**のです。

目的達成のための方法にいくつかの選択肢があった場合、判断基準は時間対効果。「目的（地）に早く辿り着けそうかどうか」を決断の優先事項にしてしまうのは、私自身も思い当たるところが多いです。

また、いくつかのタスクを抱えている場合、空き時間に消化できそうなタスクを拾い上げて、ちょっとした隙間時間に確実にタスクを減らしていくことに喜びを感じたりもします。

時間に厳しい

時間は有限、時間の価値がとにかく高いと考えているせっかちな人は、他者に対してもその価値観を押しつけがち。そのため、**時間にルーズな人は苦手**です。

逆に、相手にそう思われるのもイヤなので、約束の時間を厳守することはもちろん、その時間よりもずいぶん早く待ち合わせ場所に到着することも。

そこには、「時間には絶対に遅れてはならない」という強い信念があるのと、もしかしたら渋滞や万が一のトラブルが起きるかもしれないといった、不測の事態に対して保険をかけて行動する心理が働きます。

私も「時間に絶対遅れてはならない」という強迫観念は強いほうで、待ち合わせには約束の時間より早めに到着するようにしています。

ただ、どうせならこの待ち時間さえも有効活用したいと思ってしまうのも、せっかちならではかもしれません。

最近は写真を撮ることが趣味ということもあって、2時間くらい前倒しで行って現地でスナップ写真を撮ろう！　などと、超ポジティブ前のめりなスタンスで行動しています。

ほかにも、**旅先での予定は事前に決めたいタイプ**。

現地についてから予定が曖昧だと、せっかくの貴重な時間をムダにした！　もったいない！　と思ってしまいます。ゆえに、電車の時間や道順をあらかじめ調べる、行く場所を確定させておくなど、予定は必ず事前に決めておきます。

グループに一人こういうタイプの人がいると、現地でスムーズに行動できるので重宝されることもありますが、万が一現地で進行遅れが発生した場合、次の予定が気になってソワソワしてしまい、一人だけその場を楽しめない……なんてことにもなりかねません。

待つのも、待たせるのも苦手

自分のスピード感こそが時間軸

せっかちな人は、自分のスピードが基準になりがち。だいたい他人より早いペースで動いているという自覚があるため、**自分のペースを乱されると、イライラ、ソワソワしてしまう傾向があります**。

エレベーターを待てずに階段を使うといった行動に心当たりはないでしょうか？

「待つ」という行為は他者に依存することなので、自分でコントロールすることができません。そのため、相手に頼むより自分でやってしまう、無理やり自分のペースに合わせようと相手の行動に口をはさんだり、強制してしまうこともあるかもしれません。

さらに、せっかちな人は他人を「待たせる」こともイヤがります。

ゆえに、質問されてもすぐ答えられないときに思いつきで返答してしまったり、メニューが決まっていないのに咄嗟《とっさ》に適当なものを選んでしまったり。変なせっかちプライドを発揮してしまうのです。

私は家やオフィスでインターフォンが鳴ると「急いで出なくては！」という気持ちに駆られます。

列には並びたくない！

せっかちな人が「待機」を苦手とするのは、待っている間に何をしていいかわからないと感じてしまうという理由もあると思います。

あらかじめ予定されていれば対策もできますが、待ち時間が曖昧であることによってストレスを感じてしまうのでしょう。

たとえば時間について不確定要素の多いのが「行列」です。

なるべく予約するか、行列になっている時点でさっさと諦めるか、どうしても行きたければ真っ先に並ぶために早く出発するように行動する傾向があります。**「列に並ぶ」はできるだけ避けたい選択肢**なのです。

それでも、最近はスマートフォンという最強の時間つぶしツールがあります。待っている間にもできることがあるので、待つことに対する抵抗感はある程度なくなりました。

ネットニュースを見る？
ゲームのレベルを上げる？
ログインボーナスをもらう？
はたまた仕事をしてしまう？

そんなときでもタスクをこなそうとするのはせっかちならではです。

ちなみに私は、待たせることにも勝手にプレッシャーを感じてしまうので、「自分の後ろにも列ができている」状況が苦手。カフェのカウンターでメニューをよく見ずに注文してしまう、レジで現金を出すのを焦ってしまうといった経験が何度もあります。

自分の都合を優先しがち

自分のスケジュールや時間に対するこだわり・意識が強いせっかちな人は、悪気がなくても、ついつい**自分の立てたスケジュールを第一優先に物事を進めてしまう**こともあるかもしれません。

その裏には、思ったより時間がかかったり、予期せぬ遅延が起こるかも……と焦る気持ちや不安があるのでしょう。

なかには、相手の都合を考えずに締切を無理に短く設定してしまったり、思い通りに進まないとイライラを撒き散らしたり、対応が遅くてのんびりしている人に対して「まだ？」と催促してしまう人もいるようです。

結果がでるまで焦燥感や不安感と付き合い続けなければいけないので、やきもきし、落ち着かなくなるのです。待ち時間が長いとイライラしたり、ＰＣの起動が遅いと苛立ってボタンを連打してしまう人なども、この典型といえるでしょう。

人に任せられない

人より仕事が早く、結果や進行を自分でコントロールしたいタイプが多いので、**誰かに任せるよりも「自分がやったほうが早く終わる」と考えてしまう**ことがあります。

管理職や人を育てる立場にある人がこの思考に陥ると、人に仕事が任せられなくなってしまいます。いつまでたっても仕事を手放せずに、自分自身が忙しい状況が延々と続き、多忙スパイラルにハマっていきます。

たとえ任せても、自分のペースより遅いと途中で口出ししてしまう、先に答えを言ってしまうといったことも。これでは、後輩や部下の成長を止めてしまうことにもなりかねません。

私もなかなか仕事を手放せないタイプです。自分がやらなくていい仕事や、事務仕事などをいつまでも抱えています。

決して他者を信頼していないというわけではないのですが、どちらのほうが早く終わるか、待たず・待たせずに進められるかといったところだけに気持ちが向いてしまうのだと思います。

とくに、誰でもできる単純作業を請け負ってしまうことが多く（経営者としてマズイですよね……）、こうして文字にしてみると、本当によくないなぁとわが身を振り返って思うところです。

レスが早い

コミュニケーションは、送る人と受ける人の両者があって成立します。

自分が送り手（ボールを持っている状態）のとき、自分が保持していることは「停滞」を意味するので、人を待たせることが苦手なせっかちにとって、この状況は好ましくありません。

すぐに手離れしたいのでレスが早い。ゆえに、質問には即答する傾向が強いです。

メールやチャットの対応の優先順位は常に最上位。未読は気になって仕方ありません。

手を離したいという自分勝手な理由ではありますが、結果的に相手からは「コミュニケーションを重視している人だ！」と前向きに思われることもあるので、「即レス」は得することのほうが多いです。

ただし、あまりにもレスが早いと、キャッチボールの相手である受け手にプレッシャーやストレスをかけてしまい、ちゃんと考えずに適当に返したのでは？　と思われてしまう可能性も。

さらに相手にも即レスを求めてしまうがゆえに、返信がなかなかこないと不安になるなど、デメリットもあります。

欲しいものは「すぐ」欲しい

欲しいものがあるときも、せっかちな人は待つことができません。「いち早く手に入れたい」という欲求を満たそうとします。

マンガや音楽、ゲームなど、発売日が近づくとソワソワし、**1分1秒でも早く入手（フライングゲット）したい**。

私はこれで「自分はせっかちかも？」と自覚しました。

まだオンラインショッピングが一般的でない2000年代前半ごろ、とある海外メタルバンド（そのバンドについてのファンコミュニティを作るくらい熱狂していました）の新譜CDを1日でも早く聴きたいと思った私は、国内より早い発売日だった輸入盤をまったく知らない海外ネット通販で注文。数日後、別の国の有名な通販サイトでも買えることを知り、こちらのほうが早く届くかも……！　と注文。さらにその数日後、国内サイトでも販売が開始され、逸る気持ちを抑えられずに注文しました。

その結果、3枚とも同日に到着するという……(泣)。

このときの心理は、「早く聴きたい」もありましたが、「誰よりも早く聴きたい！」という気持ちが強かったのだと思います。

車やカメラなど大きな買い物をする場合も、欲しいと思ったらすぐに手に入れたいので、貯金してから買うのではなく、ローンを組んでいち早くモノを手に入れるほうを迷わず選択します。

普段の買い物でも、インターネット通販と実店舗で買うのとで、**「どちらのほうが早く入手できるか」を基準に購買を決定する**ことも多いです。

考えるより行動する派

見切り発車で、いち早く動き出す

せっかちな人は、物事に対して「考えるよりもまず行動する」というタイプが多いです。

事前に調べたり吟味したりせず、せかせか前へ・先へと進みたがり、見切り発車でもまず行動に移すことをよしとします。

うまくいきそうならそのまま突き進むし、手応えがないならきっぱりと手を止めるという潔《いさぎよ》い面もありますが、計画が不十分ゆえに間違った方向に進んでしまうリスクもあります。

また、突然浮かんだアイデアや欲求に対して衝動的に行動したくなる傾向があります。欲しいものが目に留まると、よく吟味せずに衝動買いするといった行動です。突発的な行動なので、ときには後悔することもあるかもしれません。

ただ、予定にない突然のアイデアや欲求に基づいているので、日常生活が面白くなったり、楽しい驚きが生まれたりする可能性も秘めています。

思いつきで旅行や買い物に出かけるといった行動を起こせるのも、せっかちならではだと思います。

行動しながら考える

ほかにも、構成を考えずにいきなりスライド資料を作り始める、取扱説明書やレシピは読まないなど、直感に従って行動を開始し、その都度判断しながら進んでいきます。

理屈をこねず、フットワークを軽く。

よく言えば自然体で物事を進めていく姿勢と言えるかもしれません。**経験から多くのことを学べる**というメリットがあります。

私は小さいころ、漫画家になりたいという夢を持っていました。実家には当時のノートがたくさんあるのですが、5ページくらい描いて途中で止まってしまっているものがなんと多いこと。ストーリーをしっかり考えずに、とにかく描き進めてしまおう、と逸る気持ちが見え見えです。

ただ、その中でもちゃんと描ききったものもあります。描き進める中でストーリーがうまくまとまったのでしょう。

「行動しながら考える」ことでできあがったものは、勢いのある内容だったように思います。

着手が早い

せっかちな人は、すでに決まっている仕事にいち早く取りかかります。

プロジェクトの資料づくり、レポート作成などはすぐにやるタイプ。旅行の日程が決まったら、まずは旅券やホテルの予約を取ることに気が向きます。

夏休みの宿題はさっさと終わらせる派だった人も多いのではないでしょうか?

じつはそこには**「あとが不安」という感情**があります。

後回しにすることは、手をつけるまでに常に不安を抱えていなければならない、その間にほかの仕事が入ってオーバーフローしてしまうかもしれない、という気持ちになってしまうのです。

早く着手することで完了までの道筋をイメージして、その状態をキープしたまま日々を過ごすことに安心感を覚えます。

私も、たとえプロジェクトの締切がかなり先であっても、ドキュメントを作ったり、資料を集めておくなどいったん何かしらの行動を起こしておきます。

今この瞬間からゴール(締切)までに一本の線が見えて安心できるからです。

ただ、早く着手して早く完了することに意識が向きすぎた結果、慎重さを欠いてミスを起こしやすいのも特徴と言えます。

日常生活の中でも、急いで料理を作って味付けを間違える、掃除を早く終わらせようと部屋の隅を掃除し忘れる、忘れ物が多いなど、落とし穴にハマってしまうこともあるかもしれません。

「結論ファースト」な生き方

早く結論が知りたい！

過程よりも結果を重視し、「結論ファースト」を求める人が多いのもせっかちの大きな特徴といえます。最初から結果にフォーカスすることで、効率性や判断力を高めることができます。

何よりも、**過程を省略することによって時間が節約できることと、せっかち特有の「逸る気持ち（ストレス）」を抑えられる**という実利的なメリットがあります。

半面、相手に対しても結論を先に求めすぎてプレッシャーを与えてしまったり、人の話を最後まで聞かないといった、他者に対しての敬意を欠く行動につながることも。

要領を得ないやりとりや、なかなか議論が進まず停滞した状態にストレスを感じ、じれったい気持ちになります。

食い気味な反応は、よくいえば「あなたの言っていること、共感できます！」という気持ちの表れ。

でも、この行動によって全体像を見逃してしまったり、議論を疎《おろそ》かにしたり、プロセスを軽視するといったマイナス面もあります。

ほかにも、映画やドラマなどのストーリーの結末を先に知りたい、という人も多いかもしれません。

私の場合、映画などのストーリー展開の中で人間関係を把握していくのが苦手なので、話を追いながら「この人誰だっけ？」が気になってくると、それによって結末が理解できなくなるのではという焦りを感じます。なので、少なくとも相関関係図を事前に調べてから観ることが多いです。

ちなみに一番好きなタイプは歴史モノです。史実で結末がおおよそわかっているので、その不安がなくプロセス（ストーリー）を純粋に楽しめるからなのでしょう。

最短で核心に迫る

結論重視の性格は、とくに仕事において優位に働きます。

会議では誰よりも早く発言して自分の意見・見解を話し、主要なポイントに焦点を当て、**なるべく早く問題の核心に近づこう**とします。

その場でのムダなやりとりを省くために詳細の説明は手元の資料で確認する、質問がある人とは個別に話し合う、または事前に取りまとめておくなどの行動がみられます。

これらの効率的なコミュニケーションや準備によって、ムダを省いて早く結論に辿り着くことができるのです。

仕事の交渉ごとで相手に結論を迫ることを「クロージング」といいますが、営業するうえで、過程をいくら頑張ってもクロージングに至らなければ成果は上がりません。

断られたらどうしよう、嫌われたらどうしようという不安から結論を求められずズルズルといくよりも、スパッと結論に持っていけるスピーディーさは、せっかちの強みとも言えるでしょう。


ただ、そもそもじっくり考えることが面倒・苦手な面があるので、安直に答えを出してしまうことも。

自己完結しているうちはそれほど気にならないのですが、他者がじっくり取り組んで、議論を深め、その結果生まれたよりよい成果を目の当たりにすると、内心ドキッとすることがあります。

やり直しを極端に嫌う

「やり直し」は「結論」からより遠ざかってしまう行為です。

結論を急ぐあまりに手順が不足し修正作業が多くなる、確認作業を怠って単純なミスに気づかず提出してしまう、プロジェクトを誤解釈して最初から誤った方向に進んでいたといったことが起こりえます。

「時間をロスしたくない」「進捗が遅れるのがイヤだ」という思いがあるので、**手戻りが起きると焦燥感・不安感が増殖し、せっかちな人にとってはかなりのストレスです**。

「きっちりせっかち」な人は、その状況を避けるために先回りして計画的に行動し、その状況を起きにくくすることができますが、「うっかりせっかち」な人は、その性質のせいで自らその状況を作り出してしまうため、ストレスに拍車がかかります。

自分自身に苛立つばかりか、他人にも迷惑をかけてしまうことになってしまいます。

「最初にもっと計画しておけばよかった……」と悔やんでしまう経験に、心当たりはありませんか?

「ざっくり把握」が得意

せっかちな人は、与えられた情報から結論に辿り着くための「要点」を探し当てるのが得意です。

この得意技が生きる場面として、読書が挙げられます。

私は文章を読むことが苦手（というか面倒）で、隅々まで一字一句じっくり読むことはほとんどありません。**読書の目的を「読むこと」ではなく「要点を捉えること」にフォーカスしてしまう**からです。

まえがき、目次、あとがきを最初に読んでざっくり把握してから読み始め、「ここは大事だろう」と思える箇所だけに目を配り、細かいところはどんどん飛ばして読んでいます。関心がないと思ったところは章ごと飛ばすこともあります。

電子書籍の場合、サッと全体を読み終えて気になったワードだけ検索できるので、重宝しています。せっかちに読みたい人にとって、電子書籍は相性のよいツールなのかもしれません。

ちなみに、数日に分けて読むと前に読んだことを忘れてしまって再読が発生するので、できれば一気に読むようにしています。

物事が走っているとき、中断することに抵抗を感じる。

これこそ、手戻りしたくない（最短ルートで進めたい）、早く結論が知りたい、寝かせるのがイヤ（待てない）……といったせっかちの性質がよく表れた行動だと思っています。

GOAL

なんだかいつも忙しい

常にせかせかしていることがエネルギーの源

1週間後に取り組んでも問題ない仕事を今日やってしまう、といったことがよくあります。

常に先に先に行動しているため、基本的にタスクは順調に進んでいます。早く完了するということは、そのぶん空きができるということでもあります。

ところが、**せっかちな人は時間に空きができることを悪いこと、損なことと考える傾向がある**ので、空きを埋めようとほかの予定やタスクを詰め込んでしまいがち。

結果的に、順調に進行しているはずなのになんだかいつも忙しいな……という状況に陥ってしまうのです。

また、他者とのやりとりが発生する場合、自分が早く行動することによって、相手からのレスポンスも必然的に早くなります。

せっかちな人にとって、自分の手元にボールがある状態は好ましくありません。この状態を避けるために、空いた時間で早めの対応をします。ところが、打ち返したボールはまた早々に戻ってくる。それをまたすぐ打ち返して……と、次から次へと対応に追われることになります。

結局、空いた時間を埋めようとする意思を自分自身で遮断しない限り、そこにどんどんと新しいことを詰め込むという連鎖で、「いつも忙しい」状態になってしまうのでしょう。

ちょっとネガティブな特徴に聞こえるかもしれませんが、じつはせっかちにとっては、常に忙しくしていることこそエネルギー源。ここでは、忙しくすることで得られるメリット・デメリットの両面を考えてみます。

つい早足・早口になる

せっかちな人は**前のめりな気持ちが行動にも表れます**。これも、せわしないと思われる所以《ゆえん》です。

早く到着したい、先を越されたくない、早く着いたらできることが増えるなど、移動中は常にそんなことを考えているので、急いでいる、時間が限られているといった状況でなくても早足になってしまいがち。

階段を二段飛びしたり、エスカレーターで立ち止まらなかったり、エレベーターの閉じるボタンを連打したりするほか、電車に駆け込み乗車したり、降車駅の改札に一番近い車両の入口付近に乗る人もいるでしょう。目の前で電車の扉が閉まると必要以上に落ち込むのも、せっかちの定めだな……と思います。

せっかちな人は早口な人も多いです。頭の回転が早く、話をしながら、頭の中では次の話題まで先行しているので、次々と言葉がでてくるのです。

ただ、周囲の人を置き去りにしてしまったり、あちこち話題が飛躍してしまい話がまとまらなかったりすることもあるので、これはデメリットになることのほうが多いかもしれません。

作業や仕事が残っているのがイヤ

せっかちな人は持ち越しの仕事がない、メールに未読がない、といった「完了」の状態を好みます。

私は毎日、Ｍａｃのメモ帳に「今日のタスク」を細かく入力してから業務に取りかかります。そのうえで「今日終わらせられるものは絶対に終わらせる」という強い意思があって、一つひとつ完了してチェックを入れていくことに快感すら覚えています。

終業時間には、やろうとしていたタスクにやり残しがないかメモ帳とデスクの上をチェックし、気持ちをできるだけきれいな状態にしてから帰るようにしています。

今日やらなくていい仕事まで「完了」を目指してしまうため、自ら忙しい状況をつくっている要因ともいえるのですが、じつは、これにより「安心」も得ています。「未了」がないことを確認することで、心残りがない状態でスッキリと職場をあとにすることができますし、翌朝も気分よく仕事に取りかかることができるメリットがあります。

心配性だから忙しい

せっかちな人の中には、心配性の人も多いです。

先の予定が気になり、スケジュールの遅延がないか、スケジュールが空いていないかを常に気にしてしまうなど、**常に時間に支配されている感覚**があります。

締切が怖い、ということかもしれません。せっかちな人は時間に厳しい一面があるため、時間を管理することに過度のプレッシャーを感じてしまうのでしょう。

締切が近づくと時間を強く意識してしまい、十分に作業ができるか、自分のペースやスタイルを制限されてしまわないかと心配になってしまいます。

失敗したらどうしよう、挽回する時間はあるだろうか、不完全だったらマズイ……とあれこれ考え始めます。

だからこそ、せっかちな人は前倒し進行を好みます。締切に対する不安を消すために忙しくしている、とも考えられるのです。

動き回ってリフレッシュ

何かをやらなければいけないという使命感・責任感が強いので、じっとしていることができません。逆に、**休むことで不安**になってしまいます。

もしかしたら、完了することによって得られる達成感のために、多忙を楽しんでいるという側面もあるかもしれません。

休日でも仕事をしていたり、休息をとらずにアクティブな予定を組んでいる人も多いのではないでしょうか。

せっかちな人にとっては、行動すること自体がエネルギー源。アクティブに動いていることで、エネルギーを得てリフレッシュされることが多いのです。

私も週末に写真を撮りに出かけて歩き回ることで、家で寝ているよりも「リフレッシュされた」と感じるタイプです。

活力を維持したまま週明けの仕事に臨むことができますし、「今週仕事を頑張って、週末また写真を撮りに行こう！」と、仕事とプライベートのエネルギー循環を感じながら日々を過ごしています。

free time
new plan
new plan
new plan
work

「せっかち特性」を仕事で上手に活かすには

「せっかちな人にありがちな心理や行動の事例」を取り上げてみましたが、さて、あなたはいくつ当てはまったでしょうか？

かなりせっかちだなと改めて認識した人もいれば、自覚はなかったけど思い当たることがあるなと、自分のせっかち性に気づいた人もいるでしょう。

ただ、ここで紹介したせっかちの特徴がすべてとは限りません。これ以外にも「せっかちあるある」はきっとたくさんあると思います。

もし思いつくものがあれば、ぜひX（旧Twitter）で「#せっかちあるある」を教えてください！

せっかちな人は、他者よりも早い時間軸で生きています。

それゆえに待つことが苦手ですが、強い使命感と行動力を持っています。

時間をムダにせず、すぐに行動し、結論に早く辿り着こうとするといった特性は、**とくに仕事において、プラスになる面が多い**と考えています。

自分に当てはまるせっかち特性を活かすことで、今よりもっと仕事がはかどるかもしれません。

次章では、実際にせっかちを仕事に活かすとどんな仕事人になれるのかを、具体的に紐解いていきます。

第2章

せっかちはこんな仕事人になれる

ここからは、第1章で取り上げたせっかち特性をどうすれば仕事に活かせるかを深堀りしていきます。その第一歩として、せっかちな人はどんな仕事人になれるのかを考えてみます。

「私せっかちかも……」な人にとってのビジョンになれば幸いです。

すぐやる人

「すぐ行動」はせっかちの〝お家芸〟

急に新しい仕事が入ったときに、「面倒くさいな」「難しそうだな」「ほかの仕事もあるしな」「時間がかかりそうだな」など、反射的に抵抗を感じてしまうと、どうしても仕事を先送りしてしまいがちです。

その点、せっかちな人はいち早く目的に近づきたいと考えるので、すぐに行動に移すことができます。

経験上、「すぐやる」の効能はとても大きく、スキル向上、営業対応、企画立案、売上貢献、チーム牽引……といったあらゆる場面でポジティブな力に転換できていると感じています。

私自身のこれまでを振り返ってみても、大小あらゆる決断において、入念に計画し、熟慮を重ねて実行したということがほとんどありません。

自分の決断なんだから何とかなるだろう、という直感・楽観と、やりたくてうずうずして動かずにはいられなくなり、目の前にある「できそうなこと」に飛びつくことのほうが圧倒的に多いです。

これをやって結果どうなるのか？　どうなりたいのか？　できる自信はあるのか？　未来はどうなる？　成功？　失敗？　などはあまり考えず、関心のあることに首を突っ込んでいきます。

考えるのはそのあと。全体像や道筋がはっきり見えるまで手を動かさないといったスタンスではなく、輪郭がぼやっとしていてもアイデアがあればどんどん実行します。

手を動かしているうちに、その輪郭が徐々に形作られていき、これならできるのではないか／これは無理だな、を選別していくのです。

何よりも「できそう」と思った瞬間が熱量もピーク。

その熱量を維持したまま、突き進むことができるのは行動の燃費がとてもよいのです。

蒔かぬ種は生えぬ

「蒔かぬ種は生えぬ」という好きなことわざがあります。

原因のないところに結果はない、という意味です。

中学で新聞委員長だったときのこと、題字下にことわざを載せるコーナーがあって、学校の図書室でことわざ辞典をめくっていたら目に留まり、掲載した言葉です。以来、その言葉がずっと気に入っていて、自分の行動原則のひとつである「できそうなことを、すぐやる」のベースになっています。

自発的な一歩を踏み出すことで、いつか何らかの結果が得られる。そのために今できそうなことは主体的にやり、できるほうへと道を作る（できないことは諦める）という行動を愚直に繰り返すことが身につきました。
自分のせっかちな性質と相性がよく、この言葉に早く出合えてよかったなと思っています。

私は、**日々の小さな行動は、すべて種蒔きになりうる**と考えています。
ただ、それがどう活かされるかはそのときはわかりません。
脚本家の三谷幸喜さんが、ご自身が手掛けたテレビドラマを振り返る特番で「種を蒔いているときは、それが種であると気づいていない。あとになって活きてくる、活きていると気づく」とおっしゃっていたのが印象的でした。

この言葉を聞いてから、〝活きていると気づいた〟ときに、その原因（種）となったものはいつの何だったのか？　と、思考や行動の過程を遡《さかのぼ》るようにしています。

すぐやらなければ、というせっかちな思考。そこに「いつか収穫する」という意識が加われば、目の前のことをすぐやれるだけではなく、将来長きにわたって成果を出す人になれるのです。

すぐ具体化し、すぐ変える

よく会議の最後に、

「今日議案にでた問題点については、また改めて考えましょう」

「面白そうなアイデアですね、いつかできたらいいですね」

といった、一見前向きに思える発言が出がちです。

ところが、「問題点」「面白そう」「改めて」「いつか」はすべて抽象的で具体性がなく、一度糸が切れるとほとんど実現に至りません。

その点せっかちな人は、曖昧な状態で話が持ち越され、後回しにされるのを嫌うので、どうにかしてその場で具体的に次のアクションを決めたがります。

知人の経営者と同じ会議に出席したときのこと。やはり同様の場面がありましたが、そのときの彼の行動はまさに「具体化」のためのアクションでした。

問題点はすぐ課題にし、自らアイデアの例をその場でどんどん挙げ、そして次回の予定やタスクを明確に決めていったのです。

その人が言うには「いいと思ったことは、自分が決めたことでもすぐに変える」そうです。

経営者には「朝令暮改《ちょうれいぼかい》」な人が多いと聞きます。

朝指示したことが夕方になるともう変わっていることをいい、一般的には悪いイメージで使われますが、見方を変えれば、目的達成のために変えたほうがよい手段があればどんどん変えていこう、ということでもあるのです。

この考え方は、せっかちな私自身とても共感できます。

物事が停滞している・変えたほうがよいとわかっているのに先送りされている状態は、せっかちな人にとってストレスになります。

見方を変えれば、せっかちな人は「寝かせる」ことが苦手なので、**「いつかやろう」ではなく「いつやる?」と、話がすぐ具体的になるように周囲に対して仕向けることができるということです**。

だから、課題があればすぐに議題に挙げて、具体的な策を考え、実行する。変えたほうがよいと判断すれば、軌道修正もする。これによって、仕事は前に前に進んでいきます。

「確認しますね」

「検討してお返事しますね」

「次回までに案を持ち寄りましょう」

といった手続きが大幅にカットされるので、プロジェクトの進行がスピーディーになります。

私もその話を聞いてから、何かを変えることに躊躇《ちゅうちょ》しなくなりました。

「即決」が仕事のスピードを上げる

人間は、一日に数万回もの決断をしているといいます。

「今日は何を着ていこう」

「どの電車に乗ろう」

「今日は何食べよう」

「仕事の順番どうしよう」

「どのメールから返事しよう」

その一つひとつの決断における時間のかけ方次第で、相当の差が出るわけです。


せっかちな人は、常に結論ファーストです。持ち帰って検討したり、保留したりする時間がもったいないと思っているので、一つひとつの判断に対してその場ですぐ答えを出すほうがストレスがありません。

「判断の早さ」は仕事の早さに直結します。**即決の積み重ねは、仕事全体のパフォーマンス・効率を向上させることができます**。


私自身、日々たくさんの判断・決断を迫られる立場にいますが、ほとんどのことは即決するように努めています。たまに、なかなか判断・決断を下せずにいる状況に陥ると、自分が思っている以上のストレスを感じます。

また、クライアントとのやり取りの中で相手の決断を待つこともあります。

テンポよく答えの出る相手とは、ストレスを感じにくく、とても仕事がやりやす

いです。お互いの決断が早いと、
プロジェクト全体の推進スピード
が格段に上がると実感しています。

先回りできる人

土俵に上がる前に勝負を決める

ビジネスにおいては、できれば「戦わずして勝つ」が理想的です。もし、競争相手と力量が同じだった場合、スピードは大きな武器、差別化要因になりえます。**先回りして先手を打つことができれば、戦う前から差をつけることができる**からです。

たとえば、打ち合わせの前に「事前に調べる」。

事前にクライアントのWebサイトを閲覧したり、関連情報を調べて相手のことを把握しておけば、基本的な情報が自分の頭の中に入っている状態で打ち合わせに臨むことができます。

こうすることで、

・わざわざ聞かなくてもわかる情報を聞く手間が省ける
・「そんなことも調べてないの？」と思われない
・相手からの好感度が上がる

などのメリットが得られます。相手の時間を奪うことなく、その後の仕事をスムーズに進めるための土台づくりができるのです。

また、早めに必要な情報を得ておくことで、残りの時間でほかの人が見逃すかもしれない重要なデータを摑《つか》むことができるかもしれません。

先に得た情報を整理し、熟成させることでより成果物の精度を高めることもできます。

そのうえで他者よりも早く提出することができれば、提案された側は驚き、一目置くことでしょう。

締切ギリギリまでアイデアを出そうと粘って勝負するタイプの人もいますが、せっかちな人はそもそも粘るのが苦手で、時間がたつにつれてストレスや焦りのほうが強くなり負荷が大きくなってしまいます。

であれば、せっかちならではの戦い方は「先手必勝」が潔いと思うのです。

トラブル対応に強い

「もしイレギュラーの仕事が発生しても対応できるようにしておこう」

「早めにやって時間を空けておこう」

この考え方ができる人は、トラブルが起こったときにも慌てず、余裕を持って対応ができるので、周りからの信頼も厚くなります。

せっかちな前倒し進行は、不測の事態が起きたときにも有効。余った時間をトラブル対応に使うことができます。

「自分の作業が終わったので、何かあったら声かけてください」と言える人になれます。多くの人が急なトラブルに右往左往する中、いつものペースを保って周りをフォローできれば、頼もしく思われること間違いなしです。

実際、トラブルは頻発するものではありません。

でも、あらかじめそういったことを想定し、先回りして行動しておくことで、急ぎの仕事やトラブルにもすぐに対応できるよう備えることができます。

つまり、**仕事の停滞を防ぎ、スムーズに仕事を回すサイクルで自走している**ということなのです。

せっかちな人は問題を寝かせたままにすることや、やり直しを嫌います。さらに心配性も相まって、問題因子が見つかれば、トラブルが起こる前に早めの対策を打つことにも注力できます。

トラブル対応はどんな仕事でも大切なことなので、後回しにしないことはもちろん、先手を打てる人は強いです。

次の予定を選べる

目の前の予定や先々の仕事が詰まっていると、いざ「今やりたい」「じっくりやりたい」プロジェクトの話が入っても、それに取り組む時間が確保できず、泣く泣く辞退せざるを得なかった……という機会損失になりかねません。

早めに仕事を終わらせておくことは、次の予定を「選べる」ということでもあります。

「今できることはなるべく早くやってしまって、余裕時間を確保しておこう。もしそのときに何もなかったら、いつかやろうと思っていた業務に着手してもいいし、片付けしたり、本を読んだりといった別のことに時間を使ってもいい」といった心持ちがあれば、やりたい仕事を取りこぼすことを防げます。

先回りして仕事に取りかかっておくことで、いつでも時間を確保できるといったキャパシティ（＝余裕時間）を見込むことができます。

キャパシティは、**「今現在の許容量」だけではなく「先々にどのくらい時間を空けておけるか」も大事**です。

空きが少ないとどうしても身体が重くなり、パフォーマンスも落ちてしまいますが、「ちょっと先に空きがある」と自覚することで行動しやすくなります。

余裕時間を確保していれば、焦って判断を誤ったり、心配性を発症することもないので、常に落ち着いて対応ができるようになります。

チームを引っ張る人

「初動の早さ」がチームの原動力になる

せっかちな人がチームで仕事をする場合、その性質がチームによい影響を与えることがあります。

たとえば、会議で出た新しいアイデアを率先してまとめたり、実行するために必要なリソースや情報をすぐに集め始めるなど、「初動」を早くすることでプロジェクトの動き出しも早くなります。

せっかちな人は誰かのスピードに合わせるより、自分の思い描いた通りに物事を進めるほうが性に合っているので、自らが先陣を切って進行の土台を作る能力に長けているのです。

そういった行動は、周囲から見ても明らかに前向きで、刺激的で、エネルギッシュ。自然とメンバーの原動力となって、チームは大きく推進します。

せっかちの「初動の早さ」によって、チーム全体がスピード感ある集団になっていくのです。

チームに安心感が生まれる

せっかちな人は、プロジェクトの進行やコミュニケーションが滞ってしまうことをよしとしないので、早めに相手に相談し、依頼することができます。人を待たせるくらいなら、人を頼る・外注するなど、早く結論がでるほうを選ぶからです。

リーダーの立場であれば、メンバーから報連相を受けたとき、「早く結論がでるのはどちらか」という視点で次の行動を判断するでしょう。

自分の作業を中断してでもメンバーへの対応を優先したほうがよい、と判断したら、自分の仕事が立て込んでいるからといって対応を後回しにはしません。

そうでなければ、結果的に全体のスケジュールが遅延してしまうからです。

リーダーの対応が早ければ、指示を受けるメンバーやクライアントの待ち時間がなくなります。

「返事はまだだろうか？」「忘れているかもしれないから、催促したほうがよいだろうか？」など、余計な心配をかけることもなくなります。

つまり、**チームに対して「安心感を与えられる人」になれる**のです。

加えて、せっかちな人は待つのも待たせるのもイヤがる傾向があります。

メンバーに仕事を振り分けたり指示したりする際に、相手を待たせないように早く指示をする。メンバーから声をかけられたら、自分の仕事をいったん置いて対応する。

そういった「待たせない」ための行動が、相手にとっては安心感になります。

一緒に仕事をしていて安心できる人には、次の仕事もお願いしたくなるもの。安心感は、新たな仕事にもつながっていきます。

最初に受けた印象に強い影響を受けることを、初頭効果と言います。

人は、最初に満足感や安心感が得られると、その後までずっといい印象・いい心持ちでいられるのです。

早く対応して安心感を与えることで、チームにいいパフォーマンスを生み出し、その後の仕事もいい雰囲気で進めることができます。

切り替えが早い人

ダメなら次を考える

せっかちな人は過程より結果を重視するので、成功・失敗にかかわらず何らかの結果が出た時点でひと区切りつけることができます。

一つのことにとらわれて長くとどまることなく、ポジティブに「やってみて、ダメなら手離す」と考えることによって、次のステップ・課題にすぐに目を向け、新しい目標に向けて気持ちを切り替えることができるでしょう。

これはプロジェクト単位だけでなく、異なる業務や分野の仕事に取り組むときも同様です。

営業だけではなく、マーケティングの分野に飛び込むなど、次の成果への探究心を旺盛にして、さまざまな分野で経験値を積むことができるのです。

学んだ知識や得たアイデアを次の仕事にも反映させることができれば、かなりの相乗効果が期待できます。


ビジネスでは「やってみなければわからない」ということも多いです。

そんなとき、怖がってなかなか実行できなかった経験は誰にでもあると思います。

でも、失敗と成功は表裏一体。準備に時間をかけすぎて頭でっかちになるよりも、ダメなら次を考えよう、という心持ちで実践すれば、いち早く経験値もたまります。

「考えている（状況は何も動いていない）」と「やってみたけれどダメだった（失敗パターンがわかった）」では、その後のプロジェクトの進み方はもちろん、スキルにも大きな差が出るでしょう。


まずはやってみる。ダメなら次を考える。

こんなふうに、切り替えて前に前に進もうとする力は、まさにせっかち的と言えます。

誰よりも早く失敗できる

熟考してなかなか実行に移せないタイプの人は、いざ実際に行動して失敗してしまったとき、熟考したぶんの時間・覚悟の重さがそのままダメージになってしまいがちです。ダメージが大きいといつまでも引きずってしまい、次へのアクションにも悪影響を与えてしまうかもしれません。

対してせっかちな人は、あれこれと深く考えずにまず行動することができるので、たとえ失敗しても傷が浅く済みます。

できれば仕事で失敗はしたくないものですが、**失敗の体験を早くしてしまうことは、失敗から学ぶ機会も早く訪れるということ**。失敗の経験は柔軟性も高めます。

失敗する→気持ちを切り替えて行動するというサイクルが早ければ、挑戦する機会が増え、新たなアプローチやアイデアを試すチャンスを増やします。

そして、失敗を受け入れることで自己肯定感も高まります。

自分の弱みや限界を理解することは、自分の能力を適切に評価できるようになるということです。正しい自己評価ができていれば、目標設定をする際、より効果的で実現可能な目標を見定めることができます。

失敗を経験したことによって挑戦に対する恐れや抵抗が軽減すれば、次はより積極的に取り組むこともできるでしょう。

その積極性は自信を生み出します。

とにかく数をこなす

せっかちな人は作業の「切り替え」も早いので、途中で集中力が途切れることなくどんどん次のタスクに取りかかることができます。さらに、もともと作業スピードが速いため、そのぶん数をこなすことができます。

似たようなタスクであれば、何度か繰り返すうちに効率的なやり方を見つけたり、スキルが上がったりします。

つまり、**せっかちに行動するほど経験値がたまり、作業効率、能力、集中力が**

アップしていくのです。

入社したてのころ、社内で一番仕事が速かった先輩の仕事ぶりをデスクの後ろで観察したことがあります。

あまりにもムダのない動きに、まるで手が勝手に動いているかのように見えてびっくりしたことを覚えています。そのことを本人に伝えると、「めちゃくちゃ数をこなしたら体が覚えてくれた」と言われたのが印象的でした。

さらに、ただ作業が速いだけでなく、成果を出すのも速いということがわかりました。ざっくりとスピーディーに進めることで、うまくいくかいかないかを早めに判断し、手戻りが少ないうちに軌道修正する。この試行錯誤をたくさん繰り返す。これによって成功に近づくのだと教わりました。

この教えは、仕事はもちろんですが、自己研鑽に励むとき、新しいチャレンジをするときにも取り入れています。

「妥協」も長所になる

こだわりが強すぎて完璧主義になると、なかなか仕事が進みません。
また、自分の意見を押し通すことにこだわって意固地になってしまえば、人間関係にも歪みが生じます。

せっかちな人は、よくも悪くも諦めが早かったり、ほかの手段を考えたりする「妥協」が早いので、より効率的な手段とわかれば他者の意見も尊重することができます。

こだわりを持ちながらも、必要に応じて柔軟に考え方やアプローチを変えることができるような「さじ加減」がわかる人は、仕事を上手に回せます。

たとえばプロジェクトの進行中に予期せぬ問題が発生した場合、自分のアイデアや計画のこだわりを捨てられずに軌道修正を遅らせるのではなく、うまくいかなかったことを認めます。

チーム仕事なら、ほかのメンバーの視点や提案を聞き入れて方法を見直したり、仕事を任せてみるなど、自分の意見よりもチームの問題解決を優先します。

このように、自分の意見や計画を柔軟に調整することで、チーム全体の目的が達成できるのであれば、妥協も厭《いと》わないのです。

さっさと切り替えて次に進むので、ほかのチームメンバーからすれば、さっぱりしていて意見が言いやすく、禍根なくスピーディーに仕事を進められます。

結果的にチームの利益になるのであれば、妥協も長所なのです。

アウトプットできる人

議論の突破口になれる

せっかちな人は物事を前に進めるために、積極的に発言・発信（アウトプット）します。

この行動が、会議やプロジェクトをスムーズに進めるきっかけになります。議論が停滞しているとき、自ら突破口になれるのは、せっかちな性格をうまく活かしていると言えるでしょう。

会議などで一番に発言するには勇気がいるもの。どんなことであれ、真っ先に発言する人はそれだけで素晴らしいと思います。

議論の流れを作るのはもちろん、自分のアイデアが注目され、採用される可能性も高くなります。最終的に自分の意見が採用されなくても、最初に発言したという積極性は参加者全員の印象に残ります。

このように、議論が活性化するようなアウトプットができることは、メリットが多いのです。

インプットよりアウトプットが主戦場

ほかにも、仕事において得た経験（インプット）を何らかの形に出力（アウトプット）する場面はたくさんあります。

たとえば、書く、話す、教える、発信するといったことです。

せっかちな人は結果や結論が好きなので、行動の証しとも言えるアウトプットが得意です。仕入れた情報を内に秘めず、**吐き出すことで満足感が得られるので、どんどんアウトプットに変換**していきます。

定期的にブログを投稿したり、コンテンツを作成して発信したりしている人も多いです。読者からの反応はひとつの「結果」であり、フィードバックがあることで次のエネルギーにつながりやすいからです。

たとえば、新商品をアピールし、短期間で売上アップを目指すようなキャンペーンなどはスピードが重要。素早くプロジェクトを動かして消費者からの反応を得ることに、せっかちな性格は向いています。


私が毎日SNSやブログで何かしらのアウトプットをしているのは、投稿という行動に対する結果（読者のコメントやフォロワーからの反応など）が短時間で可視化されることに喜びを感じるからかもしれません。

自分がアウトプットを続けていることで、関連情報が得られたり、その分野に詳しい人とつながったりと、自分が欲しい情報が自然に集まるようになっていきます。

つまり、次のアウトプットの種をいつも手に入れている状態になるので、せっかちの行動エンジンが常に効率よく、勢いよく回っていくのです。

せっかちの「標準装備」は仕事でこそ活きる

こうしてみると、せっかちの特性を上手に活かすことで、仕事の生産性向上やスピードアップにつながりそうです。

たとえばこの章で触れたような、

- 行動しながら修正する
- 一つひとつの判断を早く
- 着手を早めて余裕を残す
- トラブル対応を後回しにしない
- 人を動かすよりも先に自分が動く
- 始める前から失敗を恐れない

といった内容は、仕事の進め方として推奨されるごく一般的なことで、多くのビジネス書や自己啓発書にも書かれていることです。

つまり、**せっかち的な思考や行動パターンは、仕事をするうえで必要な能力**だということになります。

せっかちな人はもともとこの能力を標準装備していると考えると、「せっかち」は最強スキルのような気がしませんか?

次章ではいよいよ、せっかちだからこそ活かせる「仕事術」を紹介していきたいと思います。

第3章

せっかち式 仕事術

仕事の進め方編

いよいよ、せっかちを活かした仕事術を紹介します。

なかには、これまで語られてきた仕事術・時間術とは少しアプローチが違うこともあります。せっかちを前向きに加速させ、仕事を効率的に進めていく方法を考えてみました。

もしかしたら、せっかちでない人にとっても有効な仕事術が見つかるかもしれません。

クイックレスポンスで誰よりも早く信頼を獲得する

私は仕事をためるのがイヤなので、なるべく自分がボールを持たないようにしています。その最たるものが、**メールをできるだけ早く返信すること（クイックレスポンス）**です。

メールのやりとりは多くのビジネスパーソンにとって日常業務だと思いますが、クイックレスポンスは、ビジネス上の「Time is Money」的価値観からしてもせっかちな人が持つ最大の武器と言えます。

そして、それにより相手から得られる「信頼獲得ポイント」は、リモートワークが浸透したことによって、これまで以上に高くなっていると思います。

コロナ禍以降、顧客とFace to Faceだけでなく、オンラインでつながることが圧倒的に増えました。

オンライン上で新しい引き合い・相談がくるということは、見知らぬ人と、顔を合わせる前に突然コミュニケーションが発生することになります。

会話や表情を活かしたコミュニケーションよりも、メールやチャットといったある意味無機質な接点からスタートする環境下では、レスポンスが早いことで「この人とはコミュニケーションがしっかりとれそう」というポジティブな印象を最初に与えることができます。

とりわけ、顧客からの**〝ファーストコンタクト〟に対するクイックレスポンスは、信頼獲得ポイント〈初回限定〉がとてつもなく大きい**です。

実際、過去に私も「何社か声をかけたけど、御社が一番レスポンスが早く、内容も丁寧だった」とお褒めの言葉をいただき、大きな仕事を獲得できたことは一度や二度ではありません。

もちろん、ただ早ければいいというものではありません。

あまりに早すぎると「雛形では?」「よく考えずに答えているのでは?」と機械

的な対応と思われてしまうことも。

スピードも大事ですが、相手の状況を想像し、相手のためにちゃんと考えて返信しているのかはもっと大事です。

問い合わせの内容に対し、曖昧な回答にならないように気をつけたり、返信しやすいように問いかけてみたり。

「早さ」だけではなく「配慮」が見えてこそ、相手からの信頼が得られるということは、忘れないようにしたいものです。

せっかちに適した優先順位を決める

「優先順位を決める」は誰にとっても大切なことではありますが、せっかちな人が効率的に仕事を進めるためには、せっかちな人に適した優先順位をつけることが大切です。

一般的には、脳のパフォーマンスを一番発揮できる朝の時間に、より重要なものから取りかかるとよい（脳を使わない単純作業はあとでよい）と言われています。

私もまったくその意見に同意なのですが、その一方で、すぐ終わるタスクを残したままだと「まだ完了していないタスクがある……」というモヤモヤとした気持ちを抱えたままになってしまい、パフォーマンスが落ちてしまう可能性があります。

せっかちな人は、もともとスタートダッシュが得意。というわけで、私は**「すぐ終わる簡単な作業を先に行ってから、大事な仕事に取りかかる」**という順番を採用しています。

①すぐできる作業や簡単なタスク
②じっくり時間をかけて取り組みたい仕事

朝の早い段階で細かいタスクが次々と消化されていくのが快感なので、①で勢いをつけてから、気分よく②に臨むという感じです。

ただし、①が多すぎると逆効果になるので、「30分以内で区切る」など、脳を疲れさせない程度の完了の達成感で線引きし、②に取り組むのが理想です（作業の内容によっては①と②を繰り返すケースもあります）。

ここで問題になるのが、せっかく②に取りかかっても、①のような割り込みタスクはどうしても入ってきてしまうことです。

せっかちにとって、隙間時間にできそうな簡単な作業はどんどん割り込みして入れたくなってしまうもの。それでは結果的に脳を疲れさせてしまいます。

この場合は、**一日のタスクの全体量を決めて、これ以上割り込みタスクを増やさないようにルール化する**ことも大事です。

たとえば、夕方○時以降に届いたメールの返信や、日中届いたハガキの分類などは翌朝に回すといったルールを決めてしまうのです。

ルールが決まれば、翌朝できる作業を前日にまとめておくことができます。これを翌日やる①のタスクに加えておけば、また朝からスタートダッシュが図れます（作業のリスト化については、次章145ページで詳しく紹介します）。

これにより、せっかちのせわしさを意図的に軽減させ、最も効率的にせっかちを発揮できるサイクルを作り出すことができます。

中間ゴールを置く

複雑なプロジェクトでは、市場の動向や競合他社の動きを把握しながら、プロジェクトの目標、納期、リソースなどを決めていくことが多いでしょう。規模が大きければ、調査範囲も広く、関わる人も増え、納期も長くなりがち。

そのようなプロジェクトの場合は、いきなり最終ゴールを目指すよりも、いくつかの中間ゴールを設定することで確実性が増し、安心感も得られます。

「中間ゴール」の例として、私の場合、長い企画書やRFP（提案依頼書）を冒頭から一字一句読み込んでいくことが苦手なので、まずはざっとかいつまんで要点のみを把握することを目指します。そのうえで、もう一度改めて読むようにしています。

このように流し読みでいったん要点だけ把握することを「中間ゴール」に設定し

ておけば、「とりあえず終わらせておくこと」が明確になるうえに、タスク完了の達成感も得られます。

また、すでにポイントをつかんでいるので、二巡目以降はスピード感を持って読み込んでいく余裕ができます。

ほかにも、作業の2分の1が終わったらいったん報告する、記事を書く前に全体のアウトラインを箇条書きにする、といったことを中間ゴールにするのもよいでしょう。

中間ゴールを設定することで、複雑で長期的なプロジェクトでも目的地が近くに見えるようになって安心感を得られることがせっかち的に大きなメリット。

さらに、細かく時間を区切ることでそれぞれのタスクの量や進め方などを調整しやすくなるので、スケジュールや人的リソースなどのバランスを見ながら仕事を進めることができます。

GOAL

少しやり残した状態で休憩に入る

休憩の取り方についてもテクニックがあります。

何かの作業がひと段落したら休憩するのではなく、あえて作業の途中で休憩に入るのです。

せっかちな人は作業が完了していることに安心感を覚えるため、ひと段落＝完了したことになってしまうと、休憩後に元のテンションに戻りづらくなります。

それを防ぐために、**ちょっとだけ作業を残しておくことで、意図的に「未了」状態にしておきます**。

たとえば、メールを書きかけで止める、梱包作業の一部を残しておくなどです。

この状態はせっかちな人にとって気持ちの悪い状態なので、自然と仕事に戻ることに意識が向くのです。
こうして休憩後にすんなりと作業に入れるように脳をコントロールしておくと、パフォーマンスを維持できます。

また、完了を目指して一気に詰め込みすぎてしまうと、休憩するときには疲れ切ってしまい、再度仕事モードに戻りづらくなることもあるでしょう。
あえてやり切らずに、「疲れたな」と感じる前に休憩に入るぐらいがちょうどいいのです。

休憩時間が決められている職場であれば強制力が働くのでよいのですが、時間を自由に使える人の場合は、**いつ休憩するか、あらかじめ自分で時間を決めてしまう**のもよいかもしれません。

朝にピークを持ってくる

せっかちな人は、朝早くから行動することが得意です。

私も、朝から集中力とスピード感を持ってスタートダッシュできるように、毎日次のようなことをしています。

・朝は極力「考えない」工夫をし（服装の選択肢を増やさないでおく／テレビを観ない）、ムダなエネルギーを使わないようにする
・朝食のメニューは同じにする（食パン＆コーヒー）
・軽めの運動をする（以前はトレーナーYouTuberの動画。最近は縄跳び）
・オフィスに着いたらルーティンをはさみ、リズム感をつくる（グリーンに水やりをしてから、仕事に取りかかる）

そもそも朝は脳が疲れていないため、やる気があるかどうかに関係なく、仕事をトップスピードに持っていきやすい時間帯です。

せっかちな人は「初動」が肝心。朝に活動のピークを持ってくることで、短時間で十分な集中ができ、生産性を上げることができます。

朝からエネルギッシュな状態は、周囲に対してもポジティブな空気を作り出すことができるでしょう。

私は、今の会社の役員になった32歳のときから、始業時間よりもかなり早い、朝7時過ぎに出社して何かしらの朝活をしています（就業規則から外れる役員だからできるのですが……）。

おかげで始業時間には朝活による満足体験が得られているので、落ち着いた状態で業務に臨めています（朝活の考え方については、第7章で説明します）。

一日の基準を「終業時間」にセットする

朝からトップスピードで仕事をしていると、当然ながらタスクの完了が早まります。一日の後半戦にかけて、計画的にタスクが減っていくのを実感できます。

また、早い時間帯から小さな満足体験が積み重なっていくため、満足感を保ったまま、確実に仕事を達成する心地よさがあります。

私は、朝からトップスピードで取りかかるのと引き換えに、**終業まではエネルギーが持続しなくても仕方ない**、というマインドで臨んでいます。

序盤である程度の成果を出せれば、仮に後半にパフォーマンスが落ちてもトータルでマイナスになることはないだろう、という考え方です。

実際にパフォーマンスが落ちたとしても、前半にトップスピードで仕事をしたぶんの貯金があるため意図的に休憩をとる余裕もでき、もうひと頑張りする切り替えもしやすくなります。

さらに、終業時間を決めておけば、終業時間の間際には再度集中力を高めることもできます。

残り時間が明確なので、仕事を詰め込みすぎて終わりが見えない！　ということもなくなります。

「これは今日中にやってしまおう」「これは明日の朝ゆっくりやっても大丈夫」と、冷静に仕事の振り分けの判断ができるようになるのです。

さて、終業時間を一日の終点とするならば、そこから新たな一日が始まるともいえます。

私はそこに着目し、**一日の基準を「終業時間」におく**ようになりました。

朝起きる時間は一定だという人がほとんどだと思いますが、その一方で夜は遅くまで働いて、家族の時間を犠牲にしたり、睡眠時間を削ったりしている人も多いと思います。
これは「起床時間」という一日の基準に戻すために、家族や自分の時間を犠牲にしていることになります。

終業時間を一定にすることができれば、帰宅時間も一定になり、家族や自分の予定を狂わせることはありません。
睡眠時間も確実にキープできます。寝不足になることがなくなるので、集中力が増す朝の時間が充実します。

せっかちが力を発揮しやすい朝の時間に影響がでないようにすることで、毎日のパフォーマンスを安定させることができるのです。

仕事には、必ず始まりがあって終わりがあります。
仕事の始まりは、手をつけてみるまで漠然としていて見晴らしがよくなかったりするもの。スケジュールを立てるなどして見通しをつけ、輪郭を作ることが大事ですが、このとき、ゴール地点がわかっていなければやみくもに走り続けなければなりません。

だからこそ、締切（終わり）を決めるのです。

締切があると、スケジュールから逆算して行動することができるので、正しいペースで走れます。

私自身、この考え方を一日の時間の使い方にも取り入れています。**「終業時間」を一日の終わり（締切）であり、始まりでもある**ということを意識することで、安定して走れている実感を持っています。

一番平易な本から読む

何か新しいことにチャレンジしたり、専門的な知識が必要なときは、まずそのジャンルの本を読むことから始める場合も多いと思います。

そんなとき、どのレベル（難易度）の本を買ったらいいか悩むことはないでしょうか？

私は、そのジャンルの中で「一番簡単そうな本」を真っ先に手に取るようにしています。

第1章で「読むのが面倒くさい」という話をしました。たしかに専門性の高い書籍は内容も充実していますが、せっかちな人はもともと隅々まで読み込む精読が苦手なので、結局何度も読み直すことになるか、理解できないまま手放す……ということになりかねません。

難しいことをすぐ解決しようと結論を急いだところで、基礎から段階的に学ぶ面倒くささや、理解するのに時間がかかるということから、挫折してしまう可能性が高いのがせっかちな人の悲しき特徴と言えるでしょう。

「漫画で読む○○」「はじめての○○」「知識ゼロからの○○」といった初心者向けの本がありますが、私はそういった理解しやすいものや楽しく学べそうなものを最初に読んで、初歩的な知識をいったん蓄えてから、次に専門的な本を読むようにしています。

せっかちな人は要点を「ざっくり把握する」ことが得意です。平易な文章でいったん要点をつかんでおけば、次の本を読んだときの理解スピードが上がります。

まずは〝自分にもできそう〟という感覚を持つことが優先。

一見遠回りで慎重に手順を踏んでいるように見えますが、せっかちな人にとってもそれが一番効率的で最短距離であるという実感があります。

「今すぐ」に「量」や「熱意」を加えて勝負する

せっかちな行動力を活かし、率先して動ける人はそれだけで目立ち、周りからの見られ方も確実に変わります。

そしてそれは、**経験（年数）や実力とは無関係**です。

私自身の就活エピソードはちょっと人と変わっています。

大学4年次になった時点でほとんどの単位を取ってしまったので、いち早く働きたいと、中途採用向けの求人雑誌を片手にデザイン会社に面接に行きました。

デザイン学校に通っていない未経験の自分が採用されるためには、圧倒的な作品量が必要だ考え、下手ながらも数百枚ものポートフォリオを抱えていざ面接へ。

結果、学生社会人として都内のデザイン会社に潜り込むことに成功しました。

入社したあとで聞いた話ですが、私に対する評価は、

・**作ることを止められない人**
・**人から言われなくても自主的に作る人**

だったそうです。そんなふうに映っていたなんて、すごく嬉しかったことを覚えています。

私のやり方はまったく再現性がないのでおすすめしませんが（学生は学業に専念しましょう）、せっかちの標準装備である「今すぐ」に「量」や「熱意」を加えて勝負することは、スキルに関係なく人から評価される組み合わせなのだと気づきました。

「今すぐ」ができる人は少ないので、これだけでもたしかに効果的な行動ですが、それだけではまだ中身が不十分です。

「今すぐ」に、「どのくらいの量を、どのような熱意で取り組んだか」を加えることで、その効果は何倍にもなります。

・今すぐ＋事例をたくさん調べて提案書を作成した
・今すぐ＋過去に経験した知識を新入社員に教えた
・今すぐ＋訪問先ごとに現場の声を拾い、レポートを書いてブログにした

など、仕事において「今すぐ」に量や熱意を加えられそうな場面はたくさんあります。

特別なスキルは必要ありません。ぜひ、「早さ」だけではない武器を手に入れてください。

チーム仕事

締切は やや早め&細かく設定する

締切があると、つい気になってソワソワしてしまうのがせっかちの性。

それを逆手に取れば、せっかちな人にとって、**締切は「戦略的ツール」**となりえます。

ひとつは、**締切をやや早めに設定する**こと。これにより、時間に追われることなく目標を達成するペースを確保できます。

もうひとつは、**大きなプロジェクトを小さなセクションに分割し、それぞれに締切を設定すること**です。全体の進捗状況を把握しやすくなって、タイムマネジメントが向上します。

これは、自分自身のタスクに余裕を持たせるだけでなく、チームのスケジュール管理にも力を発揮します。

せっかちな人がチームで仕事する場合、自分だけでなく他者の進捗が気になり、予定通りに進んでいない場合に過剰なストレスを感じてしまいます。

この場合、たとえば全体の締切が10日間のところを、やや早めの8日間で一度報告をしてもらうようお願いしたり、細分化されたタスクにもそれぞれ期限を設けるなど、「締切をやや早めに、細かく設定」することをおすすめします。

全体のコントロールがしやすくなるので、マネジメントの観点からもとても有効です。

私は長らくディレクターとしてチームをまとめる立場にいますが、この「締切をやや早めに、細かく設定する」はかなり意識的に取り入れています。

長期にわたるプロジェクトが、想定よりも早く終わる効果も期待できますし、自分自身の安心材料にもなっています。

チーム仕事

せっかちスキルをチームの共有財産にする

私はチームで仕事をする場合、誰かの持っているアイデアや知識がほかの誰かに伝わっていない状態をなるべくなくすようにしています。

チームとして共有されていない情報があるということは、意思の疎通に余分な時間がかかる、ムダな作業が発生するかもしれないなど、効率的でないと思ってしまうからです。

たくさんの情報で溢れ、新しい技術やトレンドが毎日のように流れていく中での「学習」は欠かせませんが、当然一人ひとりの職能や取り組み方によって習得に差がでます。

全員で足並みをそろえないと業界の流れに乗り遅れるような場合は、どうしてもやきもきして悩みのタネになります。

であれば、**足りないところを仲間の力を借りて補い合い、みんなで能力を高めていける仕組みづくりをする**のも手です。

私の会社では、毎朝各メンバーの進捗状況を確認するミーティングを行っていて、その後「一日一力」という、1人1ネタを持ち寄って共有する時間を設けています。メンバーが10人程度の場合、時間にすると10〜15分程度です。

やり方は、各メンバーがそれぞれ興味があるWebサイトや情報源などのネタを、社内の情報共有用ブログに投稿してからミーティングに臨む、たったそれだけです。

仕事柄、毎日ネットに触れて情報をキャッチしているので、ネタが尽きるということはまずありません。気になった記事、あるいはXやInstagramなどSNSの投稿のリンクを貼るだけなので、投稿にかける時間はわずかです（事前に投稿しておいて、共有の時間に口頭で説明してもらう）。

朝の数分で毎日人数分のネタを享受できるという、一人当たりの労力からするとかなり省エネ&ハイパワーな仕組みと言えます。

いろいろな職種の人が集まっているので、投稿内容もバリエーション豊か。なかにはまったく理解できないような技術ネタなど、ちんぷんかんぷんなのもあります。しかし、それはそれで新鮮な刺激ですし、自分にはわからないというちょっとした焦りと知的好奇心を刺激されて、とてもいいことだと思っています。

情報の中には、「普段使っているアプリにこんなプラグインを追加するとスピード化が図れる」とか、「同業他社ではWeb制作のワークフローにこんなガイドを使って効率化を実現している」といった、「時短ハック」も多く含まれます。

せっかちな人は仕事を早く進める技を豊富に持っています。

せっかちノウハウを共有財産にして、チームでその時短ハックを実行すれば、それだけチーム全体の効率化が進みます。

チーム仕事

できないことはきっぱり諦める

せっかちな人は、素早い行動力によって「できる」を自覚するのと同時に、「できない」ことを認識するのも早いです。

第2章でも触れたように、仕事において、**自分の限界や弱点を早く見極め、できないことはさっさと手放して、できることに切り替える割り切りのよさは強みになります。**

「諦める」ことができれば、たとえばほかの人に頼ることで空いた時間をほかの作業に使うことができたり、別のスキルを学ぶ時間に充《あ》てることができます。

できないことを認めたうえで、なぜできないのかという問題点を特定するほうに気持ちを切り替えれば、修正スピードも速くなるでしょう。

クリエイティブな世界では、とくに属人性に頼る場面が多いです。

私はもともとＷｅｂ制作における営業～企画～デザイン～プログラミング～保守等すべての工程を一人で行うことが多かったのですが、技術の進歩、業界の成熟とともにいくつかの職能で「自分では無理」と思うことが出てきました。

それ以降、自分一人でなんとかすることよりも、チーム作りを強化するようになりました。

チームのメンバーに、自分にない技術・専門知識を持った人材を入れることで、チーム全体の成果を最大化させることができます。以前は自分一人でこなしていた仕事も、今ではディレクター、ライター、デザイナー、エンジニアと、分業で仕事に取り組んでいます。

「できない」を早めに受け入れることが大事だなと思った、大きなシフトチェンジでした。

一人でこなせる仕事・キャパシティには限界があります。

年齢とともにパフォーマンスは落ちるもの。自分でやることにこだわりすぎていると、いつまでたってもその業務から抜け出せないという弊害もあります。

長期的に見たら、「自分でやったほうが早い」「教える時間がもったいない」という考えは自分の成長を止めてしまいます。

たしかに教えるのはすごく時間がかかり、面倒なことですが、部下・後輩が成長してできる人が増えたら、チームとしてのキャパもパフォーマンスも何倍にも膨らみます。**リーダー・先輩としての自分自身も評価される**のです。

これは人や時間だけではなく、ノウハウについても同様です。

自分で学ぶことも大事ですが、お金を出してセミナーに参加してノウハウを買ったり、専門家へ依頼したりすることで、目的達成までのスピードが加速します。

「自分でやる」以外の方法を選ぶことが「最短ルート」になることもあるので、頼る、教える、お金を出すといった手段があることも、忘れないようにしたいものです。

チーム仕事

自分のことは後回しにしてみる

「自分のことは後回し」だなんて、他人のペースに合わせるのが苦手なせっかちさんにとってかなりの自己犠牲で、矛盾していて、勇気のいる行動だと思います。でも、これも仕事の進捗を重視するための戦略です。

あなたがもしチームリーダーの立場だったら、**先にメンバーに対してできることをやって、そのあと自分の作業に取りかかる**という順番をおすすめします。結果的に、このほうが効率よく仕事を進められるからです。

「判断待ち」の時間が減れば、メンバー全員が早く着手できるので、結果的に仕事全体が早く回ることになりますし、「リーダーは常に自分たちのことを真っ先に気にしてくれる」という信頼感も得られるでしょう。

後回しにすることで自分の作業の着手は遅れてしまいますが、どうせ自分はそのあとせっかちに行動して、なんとか間に合わせるだけのスピード感を持ち合わせているのです。

私も立場上、仕事の合間に頻繁にメンバーからの報告、壁打ち、相談ごとなどでチャットに声がかかりますが、よほど急用でなければ自分の作業は手を止め、対応するように心がけています。

せっかちな自分にとって何が一番望ましい状態なのかを考えると、「自分の仕事だけが最速で進んでいる」状態よりも、「プロジェクト全体が効率的に回っている」状態をつくることのほうが、ストレスが少ないのです。

一時的に自己のニーズを後回しにしても、短い時間で仕事を終わらせようとするモードになることで逆に仕事に集中でき、生産性が上がることも期待できます。

第4章

せっかち式 仕事術

効率化編

せっかちな人は、もともと効率化を好む傾向がありま す。

せかせかとただやみくもに手をつけるのではなく、ゴールに到達するまでの手順や時間の「最短ルート」を考え、効率的に進めるやり方・仕組みを身につければ、本来持っている行動力との掛け合わせで、さらに仕事を早く進めることができるでしょう。

作業をリスト化して全体を把握する

一日の仕事量がどのくらいあるのかを把握せず、目の前の作業のみに集中してしまうと、行き当たりばったりな仕事の進め方になります。

これでは、ほかにどんな仕事をするのか理解していない、毎日仕事が終えられない状態が続く、タスクを見落とすといったことが起こり得ます。

「早く終わらせたい」
「後回しにするのが不安」
「時間をムダにしたくない」

と思っているはずなのに、自分の効率の悪さに気づくのはあとになってからです。

これを防ぐためには、まず、始業前やプロジェクトの前に自分がやるべき作業をリスト化します。

せっかちが発動して衝動的に手をつけることを抑制する効果が期待でき、タスクの見落としを防いで、仕事の流れを途切れさせることなく進めることができます。

何をすべきか明確になることがせっかちのポジティブエネルギーとなって、目についたところから着手するよりも、より作業効率は上がるはずです。

リスト化の手段としては、**リマインダーやタスクリストなどのアプリを活用する**のがおすすめです。

私はＭａｃとｉＯＳ標準のメモアプリを使っています。チェックリストを作成する機能があるのですが、チェック（完了）した項目が自動的にリストの下に移動してくれるので、それがたまっていくことが小さな成功体験の積み重ねに見えます。同時に、リストから残りの仕事が減っていくことで体が軽くなる感覚になります。

「早く終わらせたい」というせっかちマインドの達成感を見事に満たしてくれます。

リストには、「今日はこの仕事をやる」といったプロジェクト名を記入するのはもちろん、「○○さんに返信」「領収書をプリントする」「○○さんの進捗確認」「ゴミ捨て」など、**どんな小さなことでも書く**ようにしています。

だいたい、1日に20〜30くらいのタスクになります。

最初は「多いな……」とプレッシャーを感じるのですが、「早く終わらせたい」というせっかち魂が着火し、項目の多さが「早く取りかかろう」というエネルギーに変わります。

このように「自分がやることすべて」のリストがあると、「あれどうなったっけ……?」という余計な思考が入る余地がなくなります。

そして、完了したものはきれいサッパリ忘れることができます。

もちろん業務中にもタスクが発生するので、**ボールを受け取ったらすぐにメモに追加→完了したらチェックを押す、という作業は都度行います**。その繰り返しで未了と完了がきれいに仕分けされている感じはたまりません。

ただし、リストが並ぶことで「仕事をやっているつもり」になってしまうのが注意点です。

タスクが多い、仕事が忙しいことが大事なのではありません。

このタスクは自分がやるべきことなのか？　仲間や外部パートナーに依頼できないか？　なども同時に考えるべきだと思っています（第7章248ページでは「やらないことリスト」についても紹介します）。

そういった観点からも、リスト化することは自分の仕事・作業を視覚化することができ、考えるきっかけを与えてくれます。

丁寧・きれいに描こうとしない

私は、メモをとるときや指示を書き込むときなどに、字を丁寧に書くのは時間のムダと思ってしまうので、**ギリギリ判別可能な殴り書きをマスターしつつ、独自の略字や省略語を使う**ようにしています。

たぶん社内では「すごく字が下手な人」と思われているのでしょうけど、ちゃんと通じているので気にしていません。

また、企画のアウトラインや、クライアントとユーザーの相関関係、デザインのラフなどを手描きで用意する場面が多いのですが、これも丁寧・きれいに描こうとはしません。

丁寧に描いていると、途中でちょっと失敗するとすぐ描き直したくなってしまうからです。

それでは当然時間がかかります。

手描きで描く場面の目的はほとんど、全体の流れや優先順位などを相手に簡潔に伝えるため。

その目的を果たせさえすれば、きれいに描く必要はないのです。


また、**描くアイテムや描き方も統一**させておきます。

紙はA4サイズのコピー用紙、ペンは滑らかに書けるボールペン、描く場所は広いデスク、といったように。紙に描くときの「しかく」や「まる」といった図形も、自分の中である程度描き方を決めておくと、その都度悩まなくて済みます。

なお、iPadなどデジタルで描くこともありますが、その場合は「取り消しをしない」ようにしています。「取り消し」は便利な機能ではありますが、せっかくのアイデアの流れを止めてしまうので、使わないように気を付けています。

そうしているうちに、いつしか無心で手が動いてくれるようになります。

必然的に、作業のスピードが上がります。

Webサイトのレイアウトを考える際のラフスケッチ。丁寧に描こうとせず、迷いなく、勢いよくペンを走らせていきます。

考えない工夫をする

せっかちな人は余計なこと・余分なことを「考える」時間をもったいないと思うので、考えなくてもいいことは徹底的に排除しようとします。

考える時間が短ければ、すぐに行動できるからです。

このスタンスを、仕事にも活用します。

たとえば毎日の生活や仕事における「準備」。

服装や食事など毎日行うことをパターン化・ルーティン化することで、余計なことを考える時間を減らせます。

「出社したらメールチェックから始める」といったマイルールを決めることも該当するでしょう。普段ランチで使う店の選択肢を絞っておくことも、考えない工夫のひとつです。

テクノロジーを活用するのも有効です。

検索する、ChatGPTを使うなど、考える代替手段を用いる・自動化されたシステムやアプリを積極的に活用するなどが挙げられます。

ChatGPTを使えば、長文を要約したり定型的な質問に回答させたりといったことができますし、集めたデータを分析・スコアリングして、見込み客の属性によって情報を自動配信するといったオートメーションツールの利用も増えています。

ＡＩの利用によって、アイデアを無数に量産させるなど「知的生産」への活用も広がっているので、うまく使えば「考えない工夫」の後押しになるでしょう。

私も昔から「考える」ことが億劫《おっくう》で面倒だと思うタイプで、日々の生活の中で極力余計なことを考える時間を減らしたいと思っています。

とはいえ仕事柄、考えることは大事なこと。そこで、**肝心なときに考えるパワーを残しておけるよう、忙殺される仕事の中でムダな作業を減らす工夫**をしています。

一例を挙げると、

・メールの受信は宛先ごとに自動で振り分ける（あとで探すのが楽になる）
・打ち合わせ場所は決まった場所を指定する（いちいち探す手間が省ける）
・テンプレートやフォーマットを活用して文書作成を効率化する（同じ作業を繰り返す手間が省ける）
・フォルダやファイル名に命名規則を作る（検索にかかる時間が短縮できる・誤操作が減る）
・OCRで手書き文字をデジタル化する（文字起こしをする手間が省ける）

などです。「自動化」「仕組み化」できるものはツールも活用して、できるだけ手間を省いています。

そのぶん、ムダな作業を減らして確保できた時間は、重要な業務に回します。

たとえば、アイデアやデザインを考えるときは「自分たちだからこそ向き合える」と顧客の顔や未来を想像しながら、手間を省かないように意識しています。

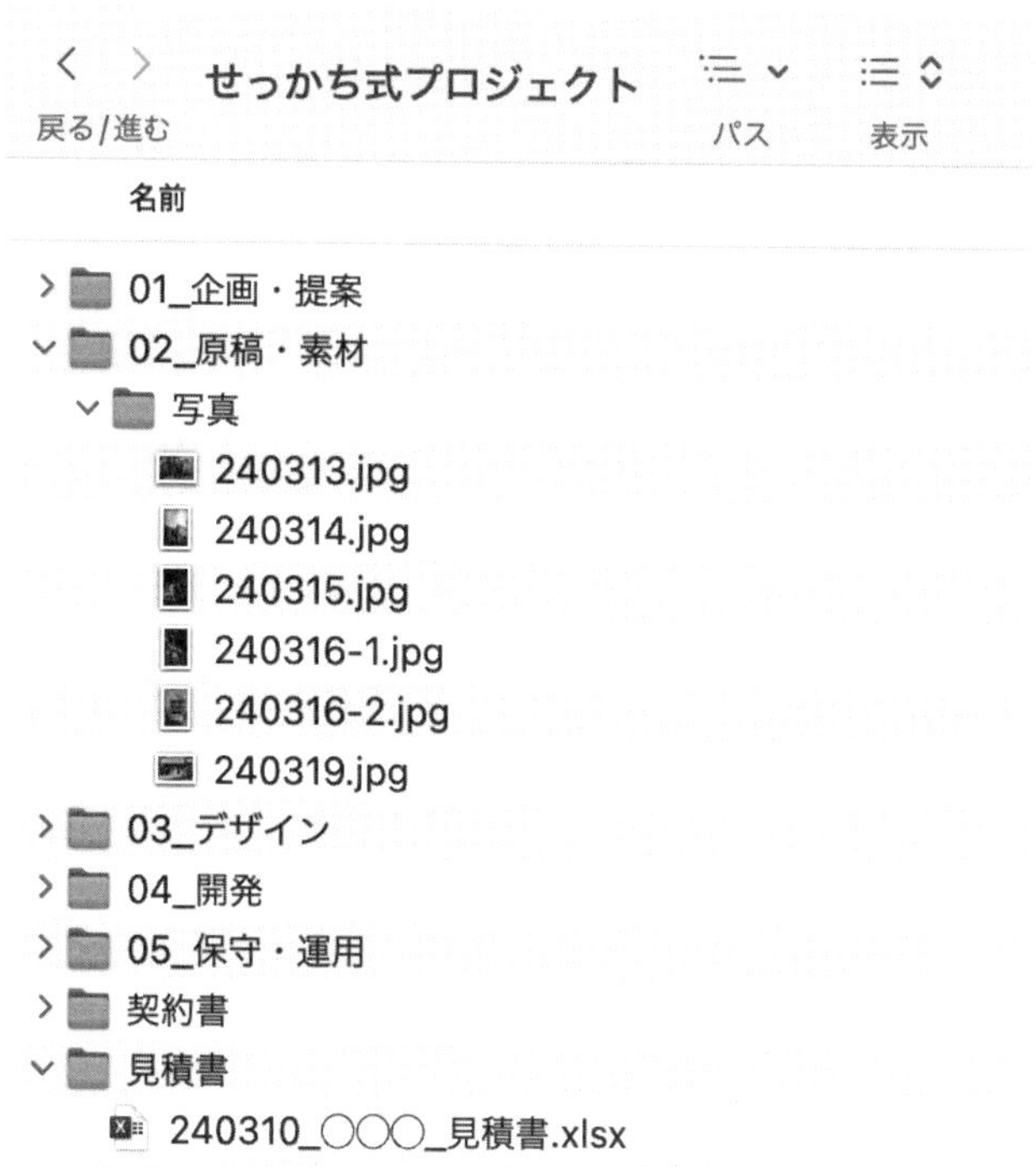

自社で使用しているルール。フォルダの構成やファイル名を固定化しています。プロジェクトごとにフォルダの雛形をコピーして使用し、ファイル名には日付を入れて時系列で追えるように。

フォーマットを作って作業効率を最大化させる

せっかちな人がその力を最も発揮できることのひとつが、ルールが決まっている作業、流れや工程が定まっている単純作業、以前やったことを再度繰り返す反復作業などです。

これらはやることが定型化されているため、より効率的に作業しようというせっかち魂に火がつきやすく、スピード感を持って作業を進めることができます。

逆を言えば、ルールが曖昧、流れが決まっているのにマニュアル化されていない、以前にも似たような事例があるのに必要な情報がすぐに探し出せない……といった状態は、せっかちさを十分に活かしきれません。

「定型化されたフォーマットを使用してプレゼン資料やレポートを作成する」「プ

ロジェクト管理ツールを使い、全体の業務フローがすべて網羅された状態でスタートさせる」など、**できるだけフォーマットを作成し、業務を定型化させる**ことが大事です。

これにより、余計なことに頭を使わずにあらゆる作業を効率的に行うことができるようになります。

「うっかりせっかち」な人でも、**最初からフォーマットがあればミスや対応し忘れといったトラブルを防ぐことにつながります**。

チーム作業でも個人的な作業でも、再現性の高そうな仕事はフォーマット化しておくのがおすすめです。

一例を挙げると、

- プロジェクトの業務手順リスト（ヌケモレを防ぐ・完了チェックで品質を維持）
- 入社時／退社時やること表（労務や庶務に関する手順をまとめておく）
- 経費申請のフォーマット（Googleフォームで作成してペーパーレス化・集計を簡単にする）

・メンバーごとの面談シート（期ごとの振り返りがしやすい・何を話したのかを記録）
・デザインパーツのテンプレート化（よく使うパーツは共有して全員で使い回す）
・原稿収集シート（見出しや本文、英訳などのフィールドを用意。文字数指定も）
・過去の類似制作物の見積一覧表（似た案件の見積算出の際に参考にする）
・PC入れ替え時の手順表（インストールするアプリや、アカウントのルールなどを記載）

などがあります。

なお、私の会社では、社員がよく使う文書はできるだけフォーマット化・マニュアル化して共有フォルダに入れていますが、さらに細分化して、小規模・中規模・大規模案件で分けた見積書の雛形を用意するなどの個別の工夫をしています。

これらのフォーマットはどんどん増えていくので、場所や使い方が散乱するのを防ぐために、「ヘルプデスク」というブログを作成しています。

会社の業務に貢献しそうなこと、よく問い合わせがあること（引っ越ししたらどうするかといった手続き系、外部パートナーへの依頼方法、テンプレート素材）など、汎用的な情報をまとめたプラットフォームを用意しておくことで、何度も聞かれるようなことに使うムダな時間を削減しています。

メンバー全員で閲覧、更新ができる「ヘルプデスク」。

ボリュームの多いところから手をつける

プレゼン資料を作るとき、いきなり表紙から順番に作っていませんか？
この方法の落とし穴は、途中で急にボリュームの多いページが出現すると、文字サイズやレイアウトを調整し直すことになってしまうことです。
これでは、大幅な時間のロスになってしまいます。

この場合は「大は小を兼ねる」の考えを取り入れます。

1ページ目から作り始めるのではなく、一番ボリュームの多いページを先に作り、フォーマットを決めるのです。

そのとき、ムダに色数を増やしたりせずに、使うフォント、サイズ、色をすべて決めてしまうとよいです。

フォーマットが決まれば、あとは存分にせっかち力を発揮するだけ。最初にルールを決めることで、その後の作業効率が格段に上がります。

こういったことは、日々の業務や日常でもよく直面することです。

たとえば、書類を整理したり、調理したりする際に、とりあえず目に留まった箱やボウルに書類や材料を入れ始めたはいいものの、途中で量に対応できずに箱や器具を用意し直さなければならなかった……といったようなことが起こります。

先に全体のボリュームを把握していれば、最初から最大量に合わせたものを用意することができたはずです。

どんな場面でも、やみくもに先頭から手をつけるのではなく、一度全体を把握して、どこから着手するかを冷静に判断することは大事です。

「いったん立ち止まる」のはせっかちにとって苦手な分野かもしれませんが、「ざっくり全体を把握する」ことは得意技です。時間にしても、そう多くはかかりません。

何より、最大のストレス「やり直し」が防げます。

画面上の最短ルートを見つける

ＰＣやスマホでの作業が多い人は、どのように使用環境を整え、作業方法を効率化するかで、積み重なる時間に大きな差が出ます。

デスクトップに置くフォルダの位置は、極力手の動きが少なく済むようにまとめておくとか、スマホアプリはよく使う順に並べるなど、まとめ方を工夫します。

起動後の最短ルートを考えた環境づくりが、その後の作業スピードを大きく左右します。

「探す」ためのクリック数を少なくして、欲しいファイルや情報をすぐ見つけられるようにする方法はいろいろあります。

たとえばメールの受信は相手ごとにフォルダを作り、自動的に振り分けられるように設定しておくと、あとでメールを参照するときに探す手間が省けます。

デスクトップは常にきれいにする、ブラウザのタブは極力少なくする、クイックアクセスなどのショートカット機能を活用するなど、「探す」ことに時間を取られないように、**最初に環境づくりをしておくのがベスト**です。

ちなみに私は、PCを新しくする際にはこのセッティングを最初に行わないと気が済まないタイプです。

PCを使った単純な反復作業は、1秒でも1クリックでも短縮できるルートを見つけるようにしています。

そのためには、作業の順番を考えて複数ウィンドウの重ね順や位置を調整し、できるだけ直線上にくるように配置します。

例として、資料を転記するコピー&ペースト作業があります。

この作業に何十、何百という往復が発生するのであれば、ルート次第で最終的にかなりの時間の差が出てくるでしょう。

このとき、どの順番でコピペしていったら一番直線的で速いかを最初に考えます。

たとえば、複数の見積書のようなものがあって、それぞれに科目、数量、金額を転記する作業があったとします。

この場合、私なら「案件ごと」に入れていくのではなく、まずは数量または金額だけ一気に入れてしまいます。「項目ごと」に入れていくのです。

同じ項目だけ追ったほうが、情報を横断しなくて済むぶん作業が直線的で、速く進むからです。

このように、**最初に最適最速ルートを見つける**ことが、最終的に仕事を早く完了させるための土台になります。

最短ルートを一度設計したら、あとは無の状態で鋭く速く一定のリズムで繰り返す、というゲーム感覚で作業するようにしています。

単純作業なのにすごくテンションが上がります。

辞書登録を活用し、1文字でセンテンスを作る

メールやチャットでは、本文の前後に定型文があり、同じ返事を頻繁に使います。毎回同じ文字をいちいちタイプするのは面倒で非効率なので、極力キーボードやマウスの動きを少なくするために、**よく使うフレーズは辞書登録（単語登録）しておくと便利**です。

これは、よく使う文章をＰＣに登録しておいて、簡単に呼び出せる機能です。

たとえばメールの最初に入れるお決まりのフレーズ「お世話になっております、デザインスタジオ・エルの原です。」を毎回タイピングするのは面倒なので、「お」と入れてスペースキーを押すだけで変換されるようにしておきます。

ほかにも一例を挙げると、

「ごか」ご確認よろしくお願いいたします。

「ごけ」ご検討よろしくお願いいたします。

「ひ」引き続きよろしくお願いいたします。

「あ」ありがとう！

「め」（自分のメールアドレス）

「こうほび」以下の日程でご都合いかがでしょうか。○月○日（○）00：00〜00：00

などなど。

日常的に使うワードを辞書登録することで、せっかち脳が喜ぶ「完了」にむけてダッシュすることができます。

集中できる環境でパフォーマンスアップ

忙しさの合間にも、メールはもちろん急ぎではない仕事の依頼でもすぐに対応したくなるせっかちな人にとって、最初から「雑音のない」状態を作っておくことは効果的です。

私は根っからのオフィス好き・自宅好きですが、効率的に作業できるかという点においては、オフィスや自宅よりも、カフェや新幹線の中のほうがはかどります。

自分のデスクの周りには、当たり前ですが仕事に関するさまざまな資料など、「自分に関係するもの」がたくさんあります。これが目に入ると、気が削がれてしまうのです。

その点、**カフェや新幹線の中だと、ＰＣ以外は「すべて自分に関係ないもの」と**

割り切ることができるので視界に入ってこなくなり、いつもより集中できるような気がします。

オフィスでしか仕事ができないという人は、会議室に移動するか、それもできない場合は目につく場所にわざと「自分と関係ないもの」だけ置くとよいかもしれません。

メールやチャットも同じ考え方をします。

第2章で取り上げた「クイックレスポンス」は、せっかちな人の持ち味です。ただ、受信が多いとさすがに集中力が途切れてしまいます。

その場合は**思い切って通知をオフ**にし、作業中は外部からの干渉を遮断することも大事です。

普段からクイックレスポンスしていれば「信用の貯金」が十分たまっているので、相手もすぐに返事がこないことに不満を持つこともないはずです。

チーム仕事

共同編集できるツールを使う

Googleスプレッドシート、Googleドキュメントなど、オンラインで共同編集できるツールが便利です。

同じファイルを同時に複数人で編集でき、いま、別の人がどこを編集しているのかも可視化されています。

ローカルファイルだと、誰かが編集していると自分が編集できず、バラバラに作業したファイルをあとで合体させるような手間が発生しますが、共同編集ツールならそういった煩《わずら》わしさがありません。

メール添付などと比べて「待つ時間」や「手戻り」がないのが、せっかちな性格にとって、とてもありがたいです。

スケジュールやタスク管理ができる専用ソフトはほかにもたくさんありますが、私はできる限りスプレッドシートを自分の使いやすいやり方にカスタマイズしてチーム運営に活用しています。

会議に参加したメンバー同士で共有しながら、話した内容をその場で反映させることもできてとても便利です。

ほかに、**Googleカレンダーなどのスケジュール管理アプリを使って、全員の予定を可視化しておく**のも便利です。

せっかちな人にとって、曖昧な予定はストレスのもと。自分もメンバーも、取引先に対しても、予定は早く押さえるのが吉です。

誰がいつ、どんな予定が入っているのかが共有されていれば、「空いているところはどこでも入れて大丈夫」となり、余計なコミュニケーションが発生しません。

定例ミーティングがある場合は、「毎月第3金曜日の14時」など、間隔を指定して定期的に繰り返すよう設定する機能を使うとよいでしょう。

ちなみに、Googleカレンダーには、時短を促進する機能があります。

「時間のムダ」で真っ先に取り上げられるのは「会議」ですが、会議といえば1時間、2時間と、60分単位で設定するのが常。実際はそんなに長く行う必要がなくても、目一杯使ってしまうのでダラダラとムダな時間を過ごすことになりかねません。

この概念を覆《くつがえ》すのが、「Googleカレンダーの**「会議迅速化」**という機能。

これを設定すると、会議のラインが30分の場合5分短い「25分」に、1時間以上の予定は10分早い時間がデフォルトになります。

会議の時間を強制的に前倒しする効果は抜群で、私はこれを知った瞬間歓喜し、すぐに取り入れました。

効率化とツール活用は切り離せないので、うまく活用していきましょう。

第5章

せっかち式 仕事術

アウトプット編

第2章で紹介したように、せっかちな人はアウトプットが得意です。「すぐやる」というせっかち特性を活かして、アイデアを早く・たくさん出したり、早くから脳内に情報を留めておくことによって、アイデアを熟成させることができます。

この章では、せっかちならではのアイデア創出方法についてて紹介していきます。

吐いてから吸う

アウトプットが得意なことと、アウトプットを継続できるかどうかは少し別の話です。

私がアウトプットで意識しているのは、**「吸うのではなく、吐き切る」**ことです。

一般的にはインプット→アウトプットの順番で語られることが多いですが、それだとアウトプットに満足して、次のインプットにつながらない場合があります。

なので、私はその逆で、持っているものを先に（または、何か持ったらすぐ）吐き出しておいて、意識的に空っぽの状態を作りだすようにしています。

何もない状態は「満たされない」気持ちになります。満たされないものは埋めたくなるので、インプットの渇望が生まれます。
インプットを先行しすぎて（吸い過ぎて）満腹状態になってしまうと、なかなか感じることができない感覚です。

吸う：お腹いっぱい。満たされている。
吐く：お腹がすいている。満たされていない。

吐いたら吸うしかありません。
「ちゃんと吐く」のは意外と難しいです。
よく、スポーツのトレーニングで「ちゃんと吐いて」と指導される場面を見ますが（以前ジムに通っていたときよく指摘されました。すごく腑に落ちる考え方でした）、意識的にちゃんと吐くことで、ちゃんと息を吸えるようになります。

私はかつて、自社のプロモーションを目的に月30本のブログを10年間続けたことがありました。

毎日忙しい中、あえてブログを更新し続けるという課題を自分に課すことで、アウトプットを習慣にしました。

必ず「空く（ブログのネタが尽きる）」という状況ができることにより「埋める（新しい情報を探しに行こうとする）」という渇望が生まれ、それがエンジンとなって毎日続けることができたのかなと思っています。

せっかちな人は、基本的に「空く」ことを嫌います。

空いたら埋めたいし、吐いたら吸いたいし、アウトプットしたらインプットしたくなるのです。

継続のコツはわざと「空ける」ことです。

何かアイデアや企画を考えるときは、まずは自分の引き出しの中で考えてみてから、絞り出せなかった不足分を収集します。

いきなりネタになりそうな資料を探すのではなく、一度何も見ない状態で目一杯絞り出してみて、持ちネタの限界に持っていきます。

そして、頭の中を空っぽにします。

そうすると、収集する情報の吸収力が高まり、インプットの質が上がります。「飢えている」状態が、アンテナの感度を上げていくのです。


また、同じ行動の中にも新しいことを見つけられるかどうかも大切。

たとえば定期的にブログを投稿するなら、同業他社の参考事例や読者からのフィードバックを取り上げてみるとか、テキストだけではなく画像や映像と組み合わせてみるなど、同じ「ブログの投稿」という行動の中にも新しい取り組みを加えてみるのです。

ただ単に「繰り返している」のではなく「新しい発見を発信している」マインドで取り組むと、継続が形骸化しません。

アイデアの常駐時間を長くする

クリエイティブな仕事において、早く着手しておくことは大きなメリットがあります。

いったん手をつけることで、与えられた残りの時間、そのことが「頭の片隅に常駐する」ことになり、アイデアの着想に火がつきやすくなるという点です。

たとえば企画やアイデアを考える場面なら、今この瞬間にできるインプット（資料を集める・競合の企画を調べるなど）と、落書きレベルのアウトプット（メモ帳に箇条書きにする・簡略図を書くなど）をしておくと、進捗はわずかでも心理的にかなり進んだ安心感が得られます。

せっかちな人には心配性が多いので、早めに安心を得ることで、その後は灯した火をじっくりと育てていくことができるのです。

これは、チームで仕事をするときにも応用可能です。

たとえば、ロゴデザイン制作をチームで進行させるための以下のような段取りを想定してみます。

①クライアントからの要件をメンバーに共有する

②アイデア会議をする

③デザインする

①と②の間に数日の時間が空く場合、何もしない時間が生まれてしまいます。それではもったいないので、①の段階で②の種まきをします。

仮に「長野市郊外で新たにりんごジュースを製造販売する店舗」のロゴデザイン案件をスタートさせるとします。

その場合、①を共有すると同時に「郊外のあの場所ってどんなところ?」「りんごジュースってどんな味だろうね？」「オーナーの人柄って？」などといった雑談をメンバーに持ちかけます。

そして、得られた情報や思いついたイメージがあれば各自ノートにメモや落書きをして、その場で共有しておきます。

このように軽めの意見交換まで一気に済ませてしまうことで、②を迎えるまでの間、ずっとエンジンを回している状態を作り出します。

すると、各メンバーが①と②の期間ずっと「着想の火」を灯したまま日々を過ごすことができるので、アイデアを考えるための脳が刺激され、②の段階でのアウトプットの量が飛躍的に向上します。

私の会社でも実際にこの方法を使っていて、その効果を実感しています。

持ち帰らず、その場でアイデアを出す

会議や打ち合わせ中に出た質問にその場で回答したり、問題に対する解決案を(思いつきレベルでも)すぐに提案することができれば、停滞を防いで生産性を向上させることができます。

せっかちがもともと持っている行動力を活かすなら、「いったん持ち帰る」ではなく「その場で対応する」ほうが向いています。

私は客先での打ち合わせでは、ヒアリングしている内容を自分用に言葉でメモするだけではなく、図や構成などのラフをその場で描いてみせ、できるだけ相手とコミュニケーションをとっていくようにしています。

実際、打ち合わせ中に「こんな感じですかね～」とイメージを描くことによって、

場の視線がそこに集中し、議論の核になります（イメージの描き方はラフでOKです）。「そうじゃない」という反応も含めて、そこからアイデアを出し合い膨らませていくことによって、次のアクションの道筋が見えてきます。

もしその場で議論せずいったん持ち帰った場合、「こんな感じですかね〜」と確認するたびにメールのやりとりや会議が発生することになりますし、万が一うまく伝わらず方向性にズレが生じたときには、軌道修正に労力を費やすことになります。

その場でアイデアを相手と共有することは、圧倒的に効率がよいのです。

また、電話やオンライン会議のやりとりでも、可能な範囲で何らかのフィードバックをするようにしています。

正解を出すとか強引に結論に持っていくということではなく、方向性の糸口をつかんで作業に初速をつけるイメージです。

クライアントがおぼろげに抱いている想い、モヤモヤしている課題感が目の前でいったん具現化されることで、クライアントの（そして自分の）着想に火がつくことが多く、持ち帰って考えるよりもずっと前進できている実感が得られます。

じっくり吟味しない

仕事において、提案内容を吟味してフィードバックする場面があります。

デザインの現場では、デザイナーから提案された案を確認することがありますが、とくに初見で見る場合には、できるだけクライアントやユーザーの立場に近い状態で見るようにしたいので、あえてじっくり見ることはしません。

実際クライアントやユーザーは、パッと見の印象など瞬間的に良し悪しを判断することが多く、まじまじと見ることはほとんどないからです。

たとえばECサイトの大半のユーザーは、せっかちに商品を比較しているというデータもあります。相手がせっかちであるならば、こちらもせっかちに対応するほうが理にかなっています。

提案を受ければ、それをちゃんとジャッジするために目を凝らして隅々まで検討しようと思うのが普通かもしれませんが、それはあとでよいと思っています。

それよりも、目に触れた瞬間に感じた「かわいい」「色がきれい」といった感想や、驚いた、笑った、難しい顔をしたといった私自身のリアクションも素直に表現することこそ、クライアントやユーザーの感覚に近い状態です。

「しっかり見なくては」という考えを捨て、直感で、間髪入れずに打ち返すことを心がけています。

これは、デザインの現場に限りません。

提出された書類の「パッと見」の印象（文字が多くて読みづらい、ポイントがわかりにくい）や、企画を提出したときの反応（いまいちピンときていなさそう、商品サンプルへの食いつきがよい）など、瞬間的な反応から読み取れるものを無視しない、ということです。

意識的にやらなければできないという意味で、私はこれを意図的な「せっかち的」アクションであると考えています。

並行作業で相乗効果を狙う

せっかちな人は、複数のタスクやプロジェクトを同時進行することで、驚くほどの化学反応を引き起こすことができます。

もともとマルチタスクが得意なので、仕事も並行して取り組むことが創造的なエネルギーにつながるからです。

異なるプロジェクト間でのアイデアのクロスオーバーから、さらに新しいアイデアを生み出すことができます。

私も、常に複数のプロジェクトを同時に抱えています。

Aの仕事を片付けてからBというのではなく、AとBをその日に按分《あんぶん》して進めるようにしています。

両方をわざと頭の中に常駐させることで、Aでやったことを Bでもやってみよう、Bではなかったことが Aにはあるな、といったような転換や気づきが生まれやすくなり、結果両方の質が高まる経験があります。

並行する仕事は、必ずしも「似ている」必要はありません。

たとえば、お堅い企画案件と遊び心ある企画案件を並行して考えているとき、お堅い企画のほうに「この遊びを持ってきたら面白いかも」とアイデアを加えてみたらクライアントが喜んでくれた、といった具合です。

このような状況にあえて身を置くことで、能力以上のものが生まれる可能性もあります。

そして、一度獲得した成功体験は、次からはあなたの「能力」として活きていきます。

過去のアウトプットは都度まとめておく

自分の過去の仕事、発言、調査などで形になったものは、未来の仕事の効率アップのために、再現性のあるものにしておきましょう。

せっかくの成功体験を「あれ、どうやったんだっけ……?」と思い出せないのは、必要なものが思っていた場所になく、あちこち探して時間をムダにしてしまうのと同じ。

せっかちな人には辛い時間です。

私は、Xで自分の経験をもとに有益だと思うことを発信することがあります。投稿した内容は、あとでブログにまとめたいので、分野ごとにスプレッドシートにまとめています。

まとめ記事を書くたびに、過去のポストを調べていては時間がかかりすぎてしまうからです。

分野ごとにまとめてストックしておくことで、あとで「経営」「アイデア」「研修」といったワードで検索するだけで簡単に共通項を見つけることができます。見返しながら自分の思考をまとめたり、再構築したり、自己矛盾に気づいたりします。

そうすると、そこからさらに考えが発展したり、新しい記事のネタを思いついたりするのです。

過去のアウトプットをいつでも引き出せるようにしておくことによって、記事を書く手間が大幅に短縮され、たくさんの「二次利用」をすることができます。

当然アウトプット量が増え、記事を読んでくれる人も増えますから、共感してくれる人とつながれるなど、その恩恵は自分自身に返ってきます。

この本にもたくさん項目が出てきますが、もともとまとめておいたスプレッドシートが大活躍してくれています。

一つひとつのアウトプットをまとめておくと、自分の思考が流れずにストックされていきます。このストックのおかげで、たくさんの自分の〝ことば〟を持つことができました。

スプレッドシートの中に、自分が普段やっていることの「ほとんどすべて」が詰まっているので、自分の〝ことば〟をいつでも自分自身で確認することができます。チームのメンバーに想いを伝えたいときなどは、ここからすくい上げるようにしています。

アウトプットは「何度も流用できるエネルギー」にしておくことをおすすめします。それによって、仕事の効率アップや再現性につながります。

Xの投稿をジャンルごとにまとめたスプレッドシート。テキストをよく見てみると、この本に書かれていることはストックしていた言葉からピックアップされたものが多いことがわかります。

短時間で小さいアイデアをたくさん出す

企画やアイデア出しを求められたときなどは、たいてい、期限までにいくらかの時間が与えられます。
ただ、せっかちな人にとって時間がたくさん与えられることは必ずしもよいこととは限りません。あれこれ考えすぎて煮詰まり、逆にプレッシャーが強くなってしまうことがあるからです。

そんなときは**「どんなアイデアでもいいから、10分以内に10個以上書き出してみる」**という方法がおすすめです。

「数日後までにひとつのすごいアイデア」と考えてしまうと、何かスペシャルなアイデアが降りてこないかな……と、最初から結果を出すことを考えてしまいますが、それは雲をつかむような話。

対して「10分で10個の小さなアイデア」と決めておけば、時間内になんとかひねり出そうと意識が目の前の現実に向くので、視界に入るものすべてがインプットの対象となります。

たとえば商業施設のネーミングを考えるとします。

「色がグレー」「角ばっている」「グリーンが多い」「3階建て」「素朴」「ワクワクするような」……小さなアイデアというのは、本当にちょっとしたことでよいのです。

「アイデア」というと、ついいきなり「ネーミング案っぽいもの」と考えてしまいますが、**目についたもの・思いついた言葉を片っ端から言語化していくくらいでよい**と思います。

短期集中でせっかち脳が活性化し、小粒でもたくさんの（結果的に10個以上の）アイデアが集まれば、いくつかのアイデアを組み合わせて、よりよいアイデアが生まれるかもしれません。

第6章

せっかち式 仕事術

ブレーキ編

前章までの「仕事術」がせっかちを活かすための「アクセルの踏み方」だとするならば、この章で紹介するのはせっかちを暴走させないよう調整する「ブレーキのかけ方」です。

ブレーキをかけることによって余裕ができれば、相手との信頼関係が築きやすくなったり、成果物のクオリティが向上します。

ぜひ「新しい武器」を手に入れてください。

仕事の進め方

「伝える」より「伝わる」を意識する

せっかちな人は仕事をどんどん前に進めていくことが得意ですが、もし目先の仕事を完了することだけに満足しているとすれば、もったいないことです。

私は新人のころ、短納期のデザイン案件をほかの人より多くこなすことができました。

同僚や営業担当者から「速くてすごい」「助かった」「またお願い」と頼られて嬉しかったのですが、あるとき上司に同行したクライアントとの打ち合わせの席で、ひとつの現実を知ることになります。

仕事のスピードなどはまったく触れられもせず、上司とクライアントが事業やサービスの話をしている約2時間、私はそこに入る隙すらなかったのです。

私はクライアントの事業の成功を考えていたか？　期待を超える価値を提供できていたか？　それはノーといっていいでしょう。目の前の作業だけを見て、人、クライアント、その先のユーザーのことがまったく見えていなかったことに気づいたのです。

「速く仕事をすること」で周りの人から得られていたものは、単に「手段」が評価されていただけでした。

私はその経験を境にスタンスを改めました。作業を速くこなすことではなく、これまでより多少時間がかかったとしても、顧客のニーズを考えて提案をするということ。上司からの指示をただ速くこなすだけではなく、その先にいる相手（クライアント）を意識し、自分に求められていることは何か？　を考えるようにしました。

なかでもとくに意識したことは、普段やりとりしている相手の「よい反応」を引き出すことでした。具体的には、「役に立った」「知見が得られた」「やってみました」

などの反応を相手にもらうことです。
そのために必要なのは**「伝える」ではなく「伝わる」**です。

せっかちな人のコミュニケーションは、自分本位で一方的になりがち。

でも、本来コミュニケーションとは、送り手と受け手の両方が「お互い理解し合う」ことで成立します。


自分が「伝えたい」ことが相手に「伝わった」感触があるかどうか。

「伝える」の主体は自分ですが、「伝わる」の主体は相手です。

コミュニケーションが成立するのは「伝わる」ときで、常に相手が主役です。

メール、打ち合わせ、提案書、さまざまな接点で、先に述べたような相手の「よい反応」を確認しながらコミュニケーションをとることが「伝わる」につながります。


クライアント、あるいは上司や先輩は、依頼した仕事を全力でやっているか？を見ています。

投げたボールが期待以上の形となって返ってくれば、次はもっと強い球を投げてみようかな、と考えます。

いくら対応が早くても、常に及第点だったり（返球がいつもワンパターン）、やっつけで熱意が感じられなかったり（ボールが相手に届かない）すれば、次も「またこの仕事」しかこないのです。

目の前のタスクを早くこなすだけではなく、常にその先の相手や成果を意識すること。

そのためには、「伝えている」ではなく「伝わっている」かどうかを考えながら仕事に取り組むことが重要です。

この意識を、せっかちの標準装備であるスピード感と組み合わせれば、「仕事が早くて、信頼できる」人になれます。

自分のせっかちさは成果にちゃんと結びついているかどうか、ぜひ一度見直してみてください。

仕事の進め方

初速で一気に7割終わらせた〝気〟になる

初速をつけて一気に仕事を進めることは、せっかちな人にとって最も得意なことのひとつですが、デメリットとしては「終われればよい」と、完成度よりも完了を重視する考えに陥ってしまうことです。

やみくもに突っ走り、ただただゴールまで一直線に向かうことだけに気をとられていると、成果物の完成度が低いまま……という落とし穴にはまります。

せっかく早く仕事を終えたのに、ミスや見落としが多ければ「早けりゃいいってもんじゃないよ……」と評価が下がってしまい、もったいないです。

私が普段意識しているのは、**「全体の流れや押さえるべき問題点を把握できた」「大まかな骨組みができた」と思えた時点で「このあたりまできたから7割は進ん**

だ（ようなものだ）！」という自覚を持つこと。

「満腹中枢」をいったん満たすイメージです。

具体的には、プレゼン資料を作るならまずは全体のページ構成まで考える、企画やアイデアを出すなら手元の資料で気になった言葉をピックアップしておくなどの作業を、初速で一気にやってしまいます。

そのうえで、実際にはわずかな時間の取り組みだったとしても、「7割も終わった（ようなものだ）！」ということにしていったん手を止めます。

7割というのは自分がそのように決めているだけで、1割、3割で安心という人は、もちろんそれで構いません。

せっかちな人は「進捗が順調か」が常に心配ごと。進んでいるという安心感が早めに得られると、逸る気持ちを自分でコントロールできるようになります。

「今この時間にちょっとでも進めておこう」と「ここまできたら、あとは残りの時間でじっくり取り組もう」をセットにすることで、修正点や追加情報を見落とすことなく、全体の完成度を高めることができます。

仕事の進め方

「クイックレスポンス」を使い分ける

第3章でも触れたように、相手から何かしらのアクションを受け取ったとき、なるべくボールはすぐに打ち返したいのがせっかちな人（クイックレスポンス）。ただ、必ずしも早く返すことが最善とは言い切れないときがあります。ここでは、クイックレスポンスの使い分けについて考えてみます。

メールの返信や事務的な手続きは、なるべく早く返すことで相手に喜ばれます。

対して、じっくり考えるべき事柄まで早く打ち返しすぎると、**「テンプレートがあるのでは？」「ちゃんと考えていないのでは？」と疑われてしまうかもしれません。**

たとえ「早くて、いいアイデア」だったとしても、そのように思われてしまってはもったいないです。

このような場合は、いったん自分の中で留めておいて、期限の少し前に返してあげるとよいと思います。

クイックレスポンスを優先すべき場面としては、

- クライアントやユーザーからの質問
- トラブル対応
- 重要なメールの返信
- 事務処理など、あとの人の作業が控えているとき
- プロジェクトの進捗報告
- はじめて接点を持つ、問い合わせ対応
- 約束やアポイントメントの確認

などが挙げられます。

対して、クイックレスポンスをちょっと我慢したい（相手の誤解を避けたり、イヤが

られないようにする）場面としては、

・企画やアイデアの提案
・複雑な見積
・情報量・正確性・信憑性などが求められる調査

などがあるでしょう。

ここでも大事なのは、タスクを見るのではなく、「相手を見る」「相手を思いやる」「相手に喜んでもらう」という視点です。

このように、クイックレスポンスを相手の状況を見て使い分けることができると、**「迅速なレスポンス」ができる人から「迅速かつ的確なレスポンス」ができる人となり、相手からの信頼度はさらに向上する**でしょう。

仕事の進め方

「見る」のではなく、「観る」

「相手を見る」ために必要なのは観察です。

ところが、前へ前へと先を急いでいると、周りが見えなくなり、日常の中での観察力が不足しがち。

ただただ表層的に「見ている」状態になってしまいます。

一見仕事はしっかりこなしているように見えても、実際は事務的にこなしているだけで内容を把握していなければ、それは「仕事」ではなく「作業」になってしまうのです。

一例を挙げると、

・数字ばかり追っていて、利益（や原価）を見ていない

・準備に忙しくて、お客さんの顔を見ていない
・会議の進行ばかり気にしていて、相手の反応を見ていない
・早く到着することに気をとられていて、周りの景色を見ていない

これらは相手のことを考えていなかったり、周りが見えていなかったりする自分本位の行動です。

対して、「観る（観察する）」ことができれば、

・数字を「観て」、利益の計算をする（例：昨年の数字と見比べる）
・お客さんの顔を「観て」、相手の状況に応じた対応をする（例：困っていたら声をかける）
・相手の反応を「観て」、臨機応変に議論を進める（例：疑問点がないか問いかける）
・周囲を「観て」、トレンドを把握する（例：どんな広告が出ているのかチェックする）

ことができます。

「観る」とは、しっかり意識して見るということです。「観る」力がつくと、全体を把握して予測する力が身につきます。「見る」ではなく「観る」というモードに切り替えないといけません。

最初は「観よう」と意識するだけでもＯＫです。

普段の「前へ前へ」の姿勢に、ちょっとだけ「横へ」も加えてみる感覚です。

ちなみに、私が新人だったころ先輩デザイナーに教わったのは「今日は青い看板だけ見る」などと対象を決めて観察するとよい、というものでした。観察に慣れていない場合は、このようにテーマを決めてみるのもおすすめです。

「観る」ことで得た新しい視点や気づきを仕事に反映することで、「言われたことだけをやる人ではない」と思ってもらえます。

たとえば「常連客の服装が変わったな」→「新しいトレンドを調べて新商品を考えてみよう」といった発想です。

事務的ではなく、より人間らしい仕事ができるようになるのではないでしょうか。

効率化

初回の「効率の悪さ」を受け入れる

私は基本的に飲み込みが遅く、点を線につなげていく思考が苦手です。せっかちな性格ゆえ最初にちゃんと理解しようとする努力を怠り、あれとこれがつながらないことに焦って、結局時間がかかったり諦めたりしてしまうのです。

この「手探りの時間」はせっかちな人にとって一番のイライラポイントかもしれません。

私が事業を承継するときに、一番苦労したのが経理や労務業務でした。まったくやったことのない仕事なのでわからないことばかり。片っ端から「これはどういうことだろう」「なんでこうなったのだろう（ならないのだろう）」という疑問が湧き、その理由がわからないとイヤになり、時間ばかりが経過します。

なんて非効率！　時間を浪費している！　最初はそんなことの山積みでした。

そこで、考え方を変え、**まずは体に覚えさせることを念頭に、意味がわからなくてもマニュアルに沿って機械のように作業する**ことにしました。

いったん体が覚えると、あるときその前後の因果関係が見えてきました。少し余裕ができて、俯瞰《ふかん》して見ることができるようになったのかもしれません。

時間はかかりましたが、手を動かすうちにようやく「点が線になった」のです。

線になると、今度はムダが見えてくるので、引き算の方法を探っていきます。

これまでは意味もわからずAとBとCを順番にやっていたけど、AとCを一緒にやったほうが効率よさそうだ、と判断し、カスタマイズしていく感じです。

これはせっかち＆面倒くさがりな自分が得意な分野。引き算モードに入ったら、かかったぶんは一気に取り返せます。

軌道に乗るまでの最初の1回をいかにしてぐっと我慢できるかが、せっかちな人にとっての勝負どころと言えるかもしれません。

効率化

複数の時間軸を持つ

着手が早いことと、効率的に動くことは別物です。

日々たくさんのタスクに忙殺・翻弄されるのを防ぐのに、目の前のことをただ「早く早く」と無計画に手をつけるのは得策ではありません。

私自身も、どこから手をつけていいかわからない……という状況に何度も陥ったことがあります。

そこでポイントになるのは、「複数の時間軸を持つ」ということです。

プロジェクト、タスク、経営。自分、メンバー、クライアント。長期、中期、短期……。仕事を遂行するうえでは、じつにたくさんの時間軸があります。

それらを適切に分類・管理し、それぞれの時間軸に合った計画を立てることができるようになれば、作業のムダや手戻りが減り、安心してせっかち力を発揮することができるはずです。

ここでは、私自身が日常で行っているさまざまな時間軸の種類とツールの使い分けについていくつか紹介します。

事例1 中期の案件把握 スプレッドシート

日程を横軸、案件を縦軸にした半年先ぐらいまでのカレンダーを作って、メンバーがどの案件にいつからいつまで関わるのか、担当メンバーごとに色分けし、マスに色塗りしていきます。粒度は粗いですが、混雑状況や、誰がいつから空くのかを把握するのにちょうどよいです。

メンバー全員で共有しているため、各自の仕事の入り状況を理解しやすく、プロジェクトにアサインするとき役立ちます。

〈ポイント〉
・案件の重複が調整しやすくなる
・メンバーの予定を空けないように、詰め込みすぎないように配慮ができる
・メンバーのスキルによってラインの引き方を調整できる
・新しい案件が「○月ごろから着手できる」がわかる

事例2 案件ごとの進行管理 Backlog

案件ごとにプロジェクト管理ツール「Backlog」でプロジェクトを作り、課題を細かく分けてガントチャートで管理。また、Slackなどのチャットツールと連携できるので、チャットツール側で同じプロジェクト名のスレッドを立てておくとBacklogの投稿がチャットツールに流れてきます。

〈ポイント〉
・タスクの共有と、抜けもれ防止ができる
・メンバーとのコミュニケーションが活性化する

・全体像の把握をしてから作業に入ることができる
・今何をすべきか、この先何をすべきかが常に確認できる

事例3 メンバーの予定 Googleカレンダー

日々のメンバーのスケジュールを確認しています。全員の予定が一覧できるようになっているので、ミーティングや外出、有休などの予定がわかります。

〈ポイント〉
・メンバー全員とスケジュールを共有できる
・Zoomなどオンライン会議のURLを入れてメンバー間で共有できる
・「会議の迅速化」を設定して、会議が長引かないように促せる

事例4 通常業務の手順書 スプレッドシート

主に経理・労務業務など、毎月発生する業務をマニュアル化しています。会計ソフトへの入力、請求書の発行、税金の支払い、買掛金や未払金の集計と振込、給与

計算と振込……これらのスケジュールを一覧表にしておいて、もれなく手続きできるように管理しています。

〈ポイント〉
・税理士さん、社労士さんなど、社外の担当者とも共有できる
・専門分野でなくても、もれなくタスクを実行できる

事例5 売上確認 スプレッドシート

横軸に12か月、縦軸にクライアントの表を作り、月ごとの売上数字を管理。仕掛りや前受金などもわかるようにして、請求額と売上がそれぞれ出るようにしています。決算カレンダーと併用して見るようにしています。

〈ポイント〉
・今期の売上の把握ができる
・過去に遡って数字を参照しやすくなる

・定期収入をあらかじめ入れておくと心理的に安心できる

「複数の時間軸を持つ」ということは、過去、現在、未来から状況を捉える多角的な視点を獲得することになります。

今目の前のことだけに振り回されず、将来のトレンドやリスクを予測し、人材戦略を見直す、資金調達を早めに検討する、閑散期に仕事が入るように営業するといった、適切な行動をとれる力が身につくのです。

効率化

時間の使い方を数値化して振り返る

私の会社では、時間管理ツール「TimeCrowd」を使って業務の打刻を行っており、どの案件の、どんなタスクに、どのぐらい時間をかけたのかを記録しています。見積金額の精度向上、作業効率の向上、人材育成での活用、労務管理業務における活用など、「働きやすい環境づくり」という本来のテーマを達成するために欠かせないツールになっています。

集計データをエクスポートする機能もあるので、月ごとにCSVデータをダウンロードして決算情報に反映したり、面談時に各メンバーの工数と実績を参照したりと、よりよい仕事の進め方のための改善案を話し合います。

このような専用のツールを使わなくても、時間管理は可能です。

表計算ツールを開いてプロジェクト名を縦軸に書き出し、毎日の作業時間を横軸に記入していけば簡単に集計できるので、個人の時間の管理にも気軽に取り入れることができます。

せっかち的な観点から言っても、時間という制約の中で目的を明確にし、その資源を最大限に使うことが大事だと思っています。

成果をあげるために、一番よい時間の使い方をする。

そのためにやるべきこと・やるべきでないことは何か？　自分が何にどのくらいの時間を費やしたのか？　を**客観的な数字で捉えて「時間を意識する」**ことはおすすめです。

実際、作業時間を記録してあとで集計データを見てみると、

「自分がやらなくてもいい仕事に一番多くの時間を使ってしまった」

「やりたかった仕事に思ったほど時間をかけることができなかった」

「見積った時間の半分でできたので利益が多く出た」

といった、客観的な事実があぶり出されます。

長く仕事をやっている中でも気づけなかったことも多く、打刻ツールのおかげで「やるべき仕事のために、この仕事を減らそう」などの判断ができるようになりました。

せっかちは作業ごと、その日ごとなどの短い間隔での時間の使い方に目が行きがちですが、数値化しておくことで時々全体を客観視することも必要です。

まだ気づけていない、より効率的な時間の使い方が見つかるかもしれません。

	10月	11月	12月	1月	2月	3月	4月	5月	6月	7月	8月	9月	合計 (h)	割合 (%)
デザイン	64	38	40	38	49	25	60	64	45	63	51	37	574	30.8%
ディレクション	37	41	50	41	20	30	35	25	55	30	35	63	462	24.8%
ミーティング	41	25	21	25	46	49	40	39	40	44	22	32	424	22.7%
更新作業	12	12	10	11	6	18	10	19	13	5	8	19	143	7.7%
バックオフィス	13	20	10	16	7	8	10	4	10	13	5	5	121	6.5%
営業	7	13	6	4	5	4	11	8	3	3	3	3	70	3.8%
取材・撮影	0	0	0	0	0	4	10	15	6	0	22	0	57	3.1%
来客対応	0	2	1	0	0	0	1	2	1	3	2	2	14	0.8%
月の合計 (h)	174	151	138	135	133	138	177	176	173	161	148	161	1865	

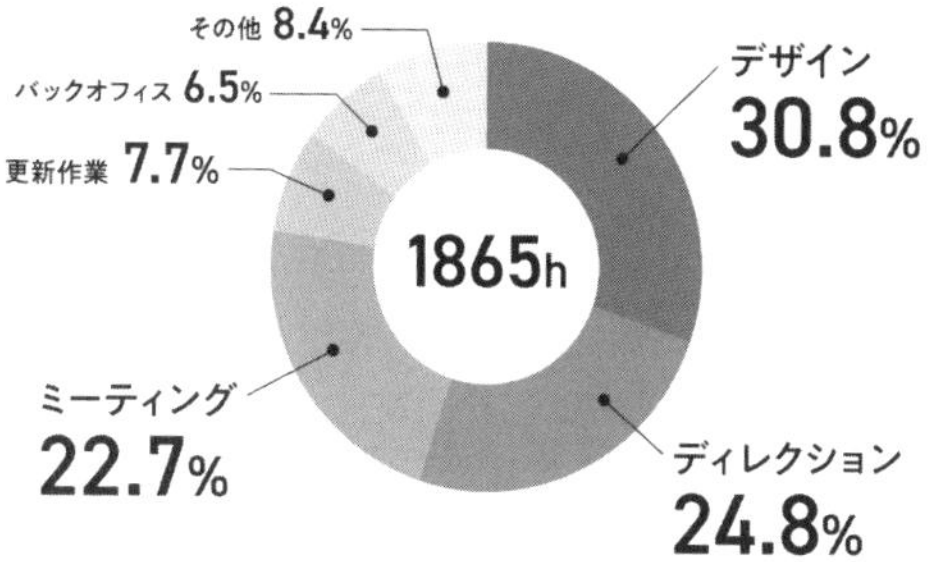

毎日の業務は時間管理ツール「TimeCrowd」で打刻し記録(上段)。「TimeCrowd」のデータをエクスポートし、月単位で各タスクにどのくらい時間を使ったかを集計します(中段)。タスクの比率をグラフ化することで、どの業務にどのくらい時間を使っているかがわかります(下段)。

アウトプット

時間を「創る」

「忙しい人に仕事を頼め」
「忙しい人ほどすぐ対応してくれる」
とよくいいますが、仕事が集まる人は仕事を効率的にこなしているのはもちろん、**時間を「使っている（＝消費）」のではなく「創っている（＝創造）」**のです。

私は、せっかちな人にこそ、時間を「創る」ことを意識してほしいと思います。

これによって、せっかちな人の持ち味であるアウトプットの時間が確保できるようになるからです。

時間を「創る」ことは、私の中でとても大切にしている考えです。

前章で、かつてブログを毎月30本・10年間続けたと触れましたが、これは誰かに強制されたわけではない「マイルール・マイノルマ」です。

もちろん、仕事が忙しくてまったく書けない日もあるのですが、それでも月30本の目標を達成する方法はあります。


ひとつは姿勢です。

仕事がどんなに忙しくても「いつブログを書こうかな」という意識を自分のキャパシティの中に常に紛れ込ませるようにしました。

明確な意識を持つと、常に頭の片隅でブログのアイデアを探している状態がつくれるので、ちょっとした思い付きを逃しにくくなります。すると、空き時間を見つけて書き溜めることができます。


もうひとつは方法です。

「月30本」イコール「毎日書く」のではなく、トータル30本でよいということにしていたので、1日2、3本書けるときはまとめてアップしていました。

また、文量にもこだわりませんでした。

書くだけですごい！　と思えばよいのです。自分にとって「都合のいい作戦」を考え、自分自身で楽しむようにしていました。

こういった思考・行動が「時間を創る」の土台になっています。

土台になるということは、習慣になるということです。

時間を創ることが習慣化されれば、いつでも必要なときにアウトプットのための時間を確保することができるようになります。

アウトプット

「せっかち行動の型」を破る

第4章で「フォーマットを作る」という話をしました（154ページ）。フォーマット（型）を作ることで自分の行動がパターン化され、効率的に作業することができるというものです。

ただ、ことクリエイティブな仕事においては、注意しておきたいことがあります。

たとえば企画を考えるときなどに、すでに知っている「勝ちパターン」に頼ったアイデアになってしまうことがあります。

もう少し考えればもっといいアイデアが出てくるかもしれないのに、過去のやり方をなぞることによってそれらしい形ができると満足感を覚え、「もっと」という行動ができなくなってしまうのです。

経験が浅いうちは、それでもよいかもしれません。せっかち式の「短期集中」で取り組めば、繰り返しの中でたくさんの「勝ちパターン」がストックされるでしょう。

「勝ちパターン」に頼れば、次のプロジェクトを進める際に、何も考えなくても及第点レベルのものは作れるかもしれません。

でも、それ以上のものは作れません。

自分の成長を止めることになりますし、そればかりか、相手からも「またそのパターンか」と思われてしまう可能性があります。

まさにここが落とし穴です。

勝ちパターンに頼ってばかりだと、毎回同じ仕上がりになってしまうのです。

この循環を断ち切るには、**「せっかち行動の型」を破る**ことも必要です。

企画やアイデアを考える際、せっかちな人は制限時間を決めなくても、すぐに取りかかることができます。

ただ、この方法だと、最初の数分で出てきた「それっぽい」アイデアでよしとしてしまい、アイデアが飛躍しません。

そこで、あえて「今から1時間はこの企画を考える」といったように時間の枠を明確に設けます。

何らかの結果が得られたらすぐに次に目が向いてしまうせっかちの特性を逆手にとった**「あえて時間を延ばす」**という方法です。

自分が決めた制限時間の枠内はじっくり考えよう、というマインドに切り替えることができると、自分の引き出しにないアイデアを探すために資料を手に取るかもしれません。

せっかち的に考えれば、「短期集中、初速で勝負」が通常パターン。

対して、時間をあえて延ばすことは「せっかちの型」を破るひとつのやり方です。

アウトプット

いきなり検索しない

もうひとつ、「せっかちの型を破る」例として「検索」を挙げてみます。

新しいアイデアを考えるときや、知識が必要なとき、せっかちな人はすかさず検索して情報収集を試みます。

いち早く情報を集めることができるので、自分のタスクの進捗を加速させ、チームにも情報共有すれば感謝されるでしょう。

当然その能力が高いことは大切ですが、ある意味、インターネット上にある「他人のアイデア」に頼っているともいえます。

また、検索することに時間をかけてしまうと脳が疲れてしまい、新しいアイデアを考えるためのエネルギーまで使い切ってしまいます。

私自身、これはよく反省していることです。

そこで、アイデア収集のときは、**まず自分の頭で考えられることからスタートしてみて、アイデアを自分ごと化**します。

そのあとで、補足として「検索して調べる」という手段を使う流れにすると、一度火がついたエネルギーを最大限発揮できると思います。

仮に、市民参加型のイベントを企画するなら「地元の野菜を使った料理教室」「川沿いを走る町別対抗駅伝大会」など、まずは自分で考えられるアイデアをなるべくたくさん出します。

そのあとに、ほかの市町村イベントの例を検索して調べてみるのです。

すでに自分のアイデアがあるので、ほかの事例と比較しやすく、過去の事例からよいところを取り入れて、自分のアイデアをアップデートさせることもできます。

単に知識を得るときは「いきなり検索」でよいですが、アイデアを考えるなどクリエイティブな活動のためのネタ探しのときは、あえて「いきなり検索しない」ようにしてみるのもおすすめです。

アウトプット

集めた情報を一言で表す

情報取集をするとき、せっかちな人が陥りやすいのは、集めた情報を十分精査せず、情報が散らかりがちになることです。考えがまとまらないまま焦って先を急ごうとすれば、間違った方向に運んでしまうかもしれません。

そんなときに有効な方法が、「集めた情報を一言で表す」です。

私の会社では、企画を考える際、クライアントの強み・伝えたいこと・目指したいことなどをひと通り聞いたタイミングで、それを「一言でいったら？」と、言葉を絞り込んでいくようにしています。

具体的なことを一度抽象化することで、その言葉がひとつの大きな柱になって全員が向かうべき方向が明確になります。

抽象化より具体化のほうが大事と考えるかもしれませんが、ここはあえていったん「一言で言い換える」ことで重要なポイントを絞り出してみましょう。

拡散と収束の過程で、新しいアイデアが生まれる可能性も高くなります。

そして、さまざまなことを削ぎ落とした大事なポイントだけに集中することで、目移りして脱線するのを防ぎます。

目指すべき目標が明確になれば、成果物のクオリティは高まります。

先を急ぎたい気持ちもわかりますが、この作業はとにかく焦らず丁寧に行いましょう。

単に早く進めるのではなく、あえて時間をかけるポイントを押さえて、緩急をつけて取り組む。私もそうやって、「出すときは完璧に近い状態」を目指しています。

目標が明確になっていないのは、即ち中途半端な状態です。

完成度が低いまま提出して戻しをたくさんもらってしまったら、せっかく早く作業した貯金がなくなる……いや、むしろマイナスになってしまいます。

アウトプット

思考を熟成させる

企画やアイデアは、一晩寝かせて熟成させたほうが新しいアイデアが加わったり、見直したり、新たに調べたりと洞察を深めることができます。

ところがせっかちな人は「寝かせること」が苦手なので、最初に出したアイデアでＧｏしがち。

『思考の整理学』の著者の外山滋比古さんは、著書の中で、メモのアイデアをノートへ、さらに別のノートに移す「メタ・ノート」を提唱しています。

記入したことの中には早く腐ってしまうものもあれば、時がたつにつれて、だんだんおもしろくなってくるものもある。それらをいっしょにしておくのはよろしくない。脈のありそうなものはほかへ移してやる。

もとの前後関係から外すことで新しい前後関係、コンテクストが作られ、コンテクストが変われば意味は変化していく。新しいところへ「転地」させるとそのアイデアはいっそう活発になる可能性がある、ということです。

くりかえし、くりかえし、同じようなことをしていると、だいたい、どれくらいすれば醱酵が始まるか、見当もつき、心づもりをすることができるようになる。

「しばらく忘れる」も「寝かせる」も、その間に思考が大きくなったり消えたりしながら、残った大事なものが発酵して、考えが向こうからやってくるといいます。まとめると、このようになります。

・材料だけではダメ

・アイデア（酵素）を加えることが必要

・**発酵させるために「寝かせる」、「しばらく忘れる」ことが大事**

188ページでXの投稿をスプレッドシートへ転記していると述べましたが、これも「メタ・ノート」の実践です。

具体的には以下のようにしています。

①Xに投稿する
②スプレッドシートに転記（ジャンルごとに分ける）
③しばらく頭から離す（思考が大きくなったり、消えたりする）
④読み返して「脈あり」なものを集め、タイトルを決めてブログにまとめる（転地）

最初は、ただ「振り返り」のために行っていました。

しかし、読み返してみるとエントリーとエントリーが結びついて新しい文脈につながり、この思考は今ではこういうふうに変わったな……などと気づくことがあったのです。

その表現に少し変更を加えたり、似たようなエントリーを集合させてまとめ記事化したりすることで、あらたな情報価値を与えることができました。

今はたくさんのストックに埋もれているネタも、いつか「脈あり！」として再浮上する可能性もでてくると思うと、過去のアウトプットはすべて資産。この実践を大切にしています。

企画やアイデアを考える際にも「メタ・ノート」の考えを取り入れています。

まずは、せっかち性を活かして思いつくアイデアを箇条書きにまとめます。

次に、ある程度まとまったら、すぐ次のアクションに移るのではなく、ここはぐっと我慢して数日放っておくのです。

放置している間は、脳の片隅にこのアイデアが常駐するので、その間に新しいアイデアが浮かぶこともあります。そうしたら箇条書きに追加します。

ある程度寝かせたら、再度見直し、気になるものだけ取り出します（転地）。

すると、寝かせている間に思考が大きくなったり消えたりしているのがわかります。**最後に残ったものが、自分の中で厳選されたとても重要なもの**、と位置づけられるのです。

せっかちな人にとって「寝かせること」は苦手分野ですが、ぜひ思考を熟成させる経験をしてみてください。

せっかちな人は着手が早いぶん、熟成期間を長くとれるというメリットがあるので、よい発酵ができる可能性が高いと思います。

アウトプット

思考の変遷を振り返る

せっかちに仕事をしていると、完了したらそれで終わりにしてしまいがち。自分がやった仕事の過程が置き去りになっているので、それだと「早くやった」という結果しか残りません。

仕事の経験を積んでいくと、「前よりできるようになった・うまくできるようになった」と思うことがあるはずです。

それは、仕事を通して原理原則が身につき、客観的に見る力がついたり、引き出しが増えて幅が広がったり、他人に評価されるようになったりして、自信がついたたからでしょう。

それは年月という長い単位だけでなく、ひとつの仕事の中でも感じられることです。さまざまな思考や検証を重ねブラッシュアップしていく、その過程を振り返ることで、自分の行動を整理することができます。

一番簡単な方法は、**過程を全部残しておく**、ということです。

たとえば、提案書や企画書。完成までの変更や修正の過程を残しておく（途中のアイデアを消さずに、バージョンごとに残しておく）と、変遷を振り返ることで「ここがポイントだったのか！」と思い返すことができます。

せっかくの成功も、ポイントを理解していないと「たまたま当たった」くらいの感触しかなく、再現性が薄れます。

あとから客観的に振り返ることで、「たまたま当たった」のではなく「自ら打った」の感触を得ることができるのです。

ぜひ、途中過程での「打った」を感じてください。これは成功体験だけではなく、失敗体験でも同じように考えることができます。

第7章

せっかちな人は余裕時間を手に入れよう

ここまで、せっかちの活かし方についてページを割いてきました。

ただ、ずっとせかせかしていると、さすがに疲れてしまいませんか？　急いで行動して、いったん片付いたときの達成感と、ほっとするあの時間。じつは、そんな「余裕時間」を求めて急いでいるのでは？　と、あるとき気づいたのです。

最後の章では、「余裕時間」を意識的につくり出す方法についてまとめてみます。

あえて余白を作ろう

私がデザイナーとして、デザインで大切にしているもののひとつが「余白」です。**余白は、ただ空いている「何もない場所」ではなく、わざと空けている「何かある場所」です**。余白があることで、余韻を感じたり、よい緊張感が生まれたりします。

カレンダーの空白、空白の時間……、空白が空いていると埋めたくなるものですが、わざと、あえて、空ける。

この考え方はせっかちな人があまり持っていない考えかもしれません。

せっかちな人は「空いていること」に意識が向いていると、その空白を埋めることで頭がいっぱいになってしまいます。

でも、余白がないと新しいものを吸収できません。
よりよいアイデアが生まれたり、未来について考えるのは、だいたい余裕時間があるときです。

持ち前のせっかち力で仕事は順調に前倒しできているのですから、いったんブレーキをかけて立ち止まっても大丈夫。

一見止まっているようですが、あえて余白を作って、空いた時間でこれからの計画を立て、創造的なアイデアを考える。これは、**未来の自分の行動に先行投資しているようなもの**です。確実に歩みを進めています。

せっかちに動いたら、朝からトップスピードで動いたら、スケジュールが埋まりそうになったら……、意識的にブレーキをかけて、余白の時間を作ってみてください。

ゆっくりと過ごすためのまとまった時間をつくる。

小刻みに休憩をとってみる。
残業しないと決める。
休日は仕事をしないと決める。
そんなことがひとつでもできたら、あなたも「余裕時間」が手に入ります。

朝活を「没我的」な時間にしてみよう

始業前の朝の時間は、「前へ前へ」を信条とするせっかちな人にとって、最も重要視すべき時間帯と言えます。

朝から活動することで行動に初速がつき、スムーズに仕事に取りかかれるでしょう。

ただ、朝活で何をするかは、必ずしも仕事に関することでなくてもいいと思っています。

まずは自分の時間をしっかり確保することで、始業時間から集中力を持ってスタートダッシュを図れるようにするという考え方です。

個人の趣味や読書、ジョギング、メディケーションなど、自己成長やリフレッシュにつながる活動に朝の時間を充てます。

仕事の前に取り入れることで、心身をリフレッシュしてクリエイティブなエネルギーに変換できます。

せっかちな人は、朝起きたらすぐにでも「仕事をしよう！」となりがちですが、意識的に一度仕事から離れてみることで、その後の集中力をより高めることができます。


ちなみに、私の朝一番のアクションは、「インスタグラムに写真を投稿する」です。

一日2枚を日課にしていますが、1枚目は7時過ぎ。自分のお気に入りの写真をアップすることが満足体験となり、気分よく仕事に取りかかれます。

2枚目は終業時間の18時過ぎです。こちらも一日の最後に同様の満足体験。

毎日の仕事の始まりと終わりに、自分の「好きなこと」を挿し込むことで、仕事とプライベートの切り替えをして、平常心を保っていると思っています。

朝活は「何もしない」もアリ

実際に朝活をしてみると、その時間は脳がフレッシュな状態かつ邪魔が入らないので、思った以上に時間を有効的に使えます。

感覚的にですが、一日にやりたいことのうち、5割くらいを達成できる貴重な時間であることに気がつきました。

だからといって、「朝活に何かしなければ」と過剰な義務感を持たないようにしています。空いた時間はただネットを見るだけもよし、逆に何もしない時間にするもよし、緩やかに使おう、というスタンスで過ごしています。

朝活の時間を緩やかに使えるというのは気分的にすごく楽です。

私は「モチベーション」は「上げる」よりも「維持する」ことが理想だと思って

いますが、**「心理的安定を保つ時間」として朝活を毎日のルーティンにする**ことで、モチベーションの維持ができています。

ちなみに、私は起きてからオフィスに到着するまでの約1時間、「テレビは観ない」「仕事のことを考えない」など、極力「何もしない」を実践しています。

デスクについてからのパフォーマンスをしっかり出すために、なるべくエネルギーを使わないほうがいいと思っているからです。

「明日やろう」を増やそう

「明日やる」という選択肢をとれるようになる。

せっかちな人が余裕時間をつくるために必要なひとつの考え方です。

第4章（145ページ）で「やることリスト」を作る話をしましたが、**同時に「やらないことリスト」を作る**のもおすすめ。

たとえば、メモ帳の「やることリスト」の下に「やらないことリスト」を作り、15時以降に入ってきた業務はまとめて記載して「今日やらない」と決めてしまうのです。

明日に回すことで、余白を意図的につくることができます。

「残りの仕事は明日の朝からせっかちに取り組もう」というマインドを持つのです。

やることリスト＝〝ＴｏＤｏ〟リストは、今抱えている仕事、急に舞い込んできた仕事、ちょっとした思いつきをまとめておくことができる反面、逐一書き出してしまうことで「やることがいっぱい！」な状況に陥りやすいのが難点。

タスクを処理することに意識が向き、時間に追われ、挙げ句の果てには「今日中に終わらなかった……」となれば、ストレスが溜まる一方です。

せっかちな人が陥りがちな「仕事を人に任せられない」は、「早くやらなくては」と逸る気持ちからくるもの。

「やらない」をふまえて冷静に見渡してみると、じつは「やらなくてもいいこと」や「自分がやらずにほかの人に任せていい仕事」に気づくことがあります。

「やらないこと」に目を向けることで、人に任せられるものは任せ、今本当に必要な仕事をする。そういった視点が手に入ります。

「やらないことリスト」の枠を設けることは、意図的にブレーキをかけて、余裕時間を作り出すためのよい方法と言えます。

「足し算」マインドで心の余裕を持とう

私は、仕事がうまくいかないと思ったときは「分解」と「足し算」を意識するようにしています。

自分の仕事を全否定するのではなく、**小さく分解してその中にある成功をすくい上げ、その数を増やす**ように考えを持っていくようにしています。

たとえば、プレゼンで自社の提案が選ばれなかったのであれば、「提案がダメだった」と考えるのではなく、「どこがよくて、どこが足りなかったのか」を探っていきます（分解）。自分でわからなければ、クライアントに聞きます。

よい点も悪い点も、いずれも次回に活かそうと考えるのです（足し算）。

一つひとつクリアしていくしかないし、結局は経験を積み重ねることが成功への近道。直線である必要はありません。

成功か失敗かは二者択一ではなく、表裏一体だと思うのです。

こと。
足し算的な考え方のよいところは、「今が一番いい」というマインドでいられる

せっかち的には、「ここまでかかった時間をムダにしてしまった……」と思って
しまうかもしれませんが、「失敗したことがわかったからよし」「選択肢がひとつ
減ったから答えに近づいた」と考えれば、それは前進です。

人生や仕事は「三歩進んで二歩下がる」ことも大事だと思います。
先へ先へと行きたがるせっかちな人は、後戻りした二歩をマイナスと考えて、合
計一歩しか歩いていないと考えるかもしれません。この考え方をしているうちは、
失った時間を取り返そうと、気持ちは焦るばかりです。
でも、戻った二歩も足して合計五歩と考えてみたら？
「進んでいる」と思うことができれば、一度手を止めて、ゆっくりすることもでき

るかもしれません。

イチローさんの「打率より安打数」の考え方が好きです。

「打率」を意識すると、失敗の確率のほうが高いから打席に立つのが怖くなるそうです。「ヒットを一本増やしたい」というポジティブな気持ちが、打席に立つ〝楽しみ〟に直結していたとのこと。

ヒット数は積み重ねだから、減ることはありません。

打席に多く立つことは大事ですが、失敗の数ではなく、積み重ねたことを数えることができれば心の余裕を増やせる、そう思わせてくれました。

やりたいことに時間を使おう

せっかちな私が、余裕時間を意識するようになったのは、今のキャリアがスタートしたときのことです。

私の場合、仕事でもプライベートでも「Ｗｅｂサイトづくり」に取り組んでいるので境界が若干曖昧ですが、クライアントのために作る企業サイト（公的≒やるべきこと）と、自分のために作る個人サイト（私的≒やりたいこと）は違っていました。

当時は「公」のサイトづくりに時間をとられてしまうことが多かったのですが、「公」が「私」に、「私」が「公」に影響を及ぼす化学反応のようなものが心地よかったので、どうにかしてもっと「私」のサイトづくりに時間を割きたいと考えるようになりました。

そのためには、**仕事を効率的に進めて、時間をつくろう。できた余裕時間で「やりたいこと」もちゃんとやろう。**

このスタンスが結果的に仕事にも返ってきて、今の自分の基礎になっています。

これまで、ずっとせかせか仕事をしてきた方へ。

10年後も、20年後もそれを続けますか？

自分の人生にとって、一番いい時間の使い方を。そのためのせっかち式仕事術であり、そのための余裕時間の獲得です。

ここまでいろいろな提案をしてきましたが、手始めに次のようなことを意識して行動するとよいかもしれません。

- 通知をオフにする時間をつくる
- 反射的に反応・対応しない
- 一呼吸おいてから考える

・意図的に休憩をとる
・空いた時間に仕事を入れない

会社の経営者でありながら、実際に手を動かすプレイヤーでもあるので、毎日やることも、やりたいことも山積みです。

でも、最近はもっと趣味に時間を割きたいと思うようになりました。

そこで、以前は週末でも事務所にいって気ぜわしく仕事をこなしていたのですが、それをやめることにしました。

意図的なブレーキ。やってみたら案外すんなりできてしまったし、**ブレーキをかけても仕事に支障はなく、むしろ趣味の時間とのメリハリができて、より幸福感が強まりました。**

本書を読んでくださった、せっかちな人へ。

安心してください。せっかちなあなたはすでに人よりも速いスピードで先に進んでいます。

ちょっと休んでも大丈夫。むしろ、休むことで、せかせか動いているよりもよい未来が待っているかもしれません。

あなたの行動力は素晴らしい資産です。

本書で取り上げてきた「せっかちを活かすアクセル」に加え、「余裕をつくるためのブレーキ」を手に入れれば、ただただ「前へ先へ」と逸る気持ちで進むよりも、平常心を持って、「効率化」と「クオリティ向上」の両方を実現することができると思います。

せっかちらしく、自分のペースを保ちながら、一緒に前に進んでいきましょう。

おわりに

この本の出版が決まり、担当編集者の方と進め方の打ち合わせをした際に、「では、サンプル原稿（1000字程度）を、2週間後ぐらいまでにお願いします」という話になりました。せっかちな私は、その打ち合わせの直後に手を動かし始め、これまでブログなどで書いた関連する文章をかき集めたら、初日でいきなり1万字ぐらいに達したのです。

これは全体のボリュームの約15％にあたります。

本書で触れた「7割終えたくらいの感覚を持ち、残りの時間はネタのヒントになるアンテナを常駐させて過ごす」という土台づくりを実行していました。

着手したのが2023年の11月中旬、ほぼ書き終えたのが2024年1月末ごろです（書き終えたあとは、編集者さんと内容について細かくやりとりしてブラッシュアップしたり、装丁デザイナーさん、イラストレーターさんと本のデザインについて打ち合わせを重ねていました)。

年末年始をはさむ忙しい時期に、はじめて約7万字の文章を書くわけですから、これは大変なことだなと思ったと同時に、この状況でも時間に追われず前のめりに書き進める自信はありました。

実際に、本書の執筆にあたっての自分のマインドや行動をおさらいしてみます。

・締切を約2・5か月後に設定(ゴールを決める)
・すぐ着手する(初速で一気に7割進んだ気になる・早めに安心する)
・初日に1万字、半月で2万字、1・5か月で半分以上……と計画する(中間ゴールを設定)
・思いついたものから書き出す(吐いてから吸う)

・過去ブログやSNS投稿からのストックを引き出す（アウトプットはまとめる）
・何度も塗りなおすように書く（熟成させる）
・これは内容的にダメかもな、も書いて判断を仰ぐ（早く失敗する）
・編集者さんからのコメントにはすぐ反応（クイックレスポンス・待たせない）
・アイデアがあれば積極的に出す（提案する）
・文章を書くエディタはGoogleドキュメント（共同編集ツールを使う）
・朝活中にできるだけ書く（朝にピークを持ってくる）
・移動中、休憩中にちょっとでも進める（隙間時間を活用する）
・まとめ作業をするときはカフェで（周囲を自分と無関係な状態にして集中力を高める）
・寝る前はアドレナリンが出てしまうので書かない（睡眠・安眠は確保）
・趣味の時間を犠牲にしない（執筆中でも余裕時間の確保に努める）

こうしてみると、この本で書いたことをかなり実践しています。
おかげで、忙しい時期にもかかわらず、締切に追われる感覚は一切なく、仕事も趣味もきっちりこなしながら原稿を書き上げることができました。
一番意識したことは「初速である程度進めてしまおう」というマインドで臨むことでしたが、やはり、「ある程度」に行きつくまでが一番落ち着かなかったなと思います。

せっかち人間が書く本は、やはりせっかちでした（笑）。

この本で一貫して伝えたいと思ったのは、せっかちを活かしてスタートダッシュしたら、どこかでいったんブレーキをかけることが大事、ということです。全力でアクセルを踏んだまま前のめりに進むよりも、いったん休んで周りを見渡す余裕を持ったほうが、せっかちの特性を最大限に活かしながら、その場に応じた最大効率、最短ルートの選択をとれるようになるのではないか。
そんなことを思いながら、実際に、本書の執筆を通じて自分自身で体現できたのはよかったなと思います。
ぜひ、本書を手に取った皆さんには、

せっかちのよいところを
仕事に活かしながら
余裕時間と平常心を手に入れる

このことを実践してもらえたら嬉しいです。

この本を書くきっかけは、担当編集者である中野晴佳さんが「せっかち式仕事術」という3000字程度の小記事を見つけてお声がけしてくださったからです。
執筆にあたっては、せかせかと書きつつもまとめに苦心していた私に、常に的確なアドバイスを出していただいたおかげで、なんとか最後まで書き切ることができました。
共同編集ドキュメント上での言葉のキャッチボールがとても楽しかったです。
本当にありがとうございました。

名刺に描かれている直近イラスト。猫を抱えながらスマホを見るというせっかちさの表現をリクエストしました。パッと見、せっかちに見えない感じが気に入っています(笑)。

【著者紹介】

ハラヒロシ

◉――クリエイティブディレクター・デザイナー。デザインスタジオ・エル代表取締役。
◉――1975年長野県須坂市生まれ。少年時代から「伝える」ことに関心を持ち、学校で自主的に新聞を発行したり、マンガ誌の公募に応募したり、広報を学んだりするなかで、伝える手段としてデザインの道を選択。現在の会社で、グラフィックデザインとweb制作を同時スタート。2020年に代表取締役に就任。
◉――デザインを通して、あなたらしさを伝えたい。そして、世の中にらしさを増やしたい。そんなことを考えながら、日々仕事と向き合っている。
◉――常に何かに熱狂していて、現在はLeica Q2 Monochromでのモノクローム写活に夢中。
◉――著書・共著として『レイアウト・デザインのアイデア1000』（翔泳社）他多数。

●デザインスタジオ・エル : designstudio-l.jp
instagram : @harahiroshi
X : @harahiroshi
note : @harahiroshi

「効率化《こうりつか》」と「クオリティ向上《こうじょう》」を同時《どうじ》に実現《じつげん》する
せっかち式《しき》仕事《しごと》術《じゅつ》

2024年５月20日　第1刷発行

著　者――ハラヒロシ
発行者――齊藤　龍男
発行所――株式会社かんき出版
東京都千代田区麹町4-1-4 西脇ビル　〒102-0083
電話　営業部：03(3262)8011㈹　編集部：03(3262)8012㈹
FAX　03(3234)4421　振替　00100-2-62304
https://kanki-pub.co.jp/

印刷所――図書印刷株式会社

 ISBN978-4-7612-7740-6 C0030